植物生まれの材料で簡単、おいしい！

体にやさしいマフィン

宮野真知子

Gakken

はじめに

**

はじめてのレシピ本を出させていただいてから11年がたとうとしています。

素晴らしい方たちによってつくり上げられた『素朴でおいしい まいにちマフィン』は
私の宝物になっていました。

長く焼き続けているマフィンは
少しずつ変わってきていますし、伝えたかった想い、
見たかった景色も変化してきました。
これからも、私のマフィンの世界は広がっていくのだろうと思います。

この本では、フレーバーを楽しむちょっと大人のマフィンや
麹を使ったマフィンなど、私のお気に入りをはじめ、
リクエストの多い人気のマフィンレシピも新たに紹介しています。
初めての方も、何度も焼いてくださっている方も
飽きずに楽しく焼き続けていただけたら
とてもうれしく思います。

宮野真知子

もくじ
contents

3 はじめに
6 きほんの道具
7 体にやさしいマフィンづくり
8 プレーンマフィンの材料／材料選び
10 きほんのマフィンのつくり方 ──プレーンマフィンのレシピ──
13 COLUMN マフィンの保存方法

1. 毎日食べたい人気の マフィンBESTレシピ

17 塩ピーナッツバター
19 ラムきな粉マーブル
21 キャラメルナッツ
23 キャロット
24 バナナ
28 ココア
29 チョコチップ
30 モカアイシング
33 抹茶
35 チョコチップミント
36 キャロブマロン
38 COLUMN いろいろな型を楽しむ／
マフィン型がないときは…

RECIPE COLUMN
体にやさしい麹と甘酒のマフィン

41 甘酒ごまバナナ／レモンしょうが麹
43 アボカド塩麹オリーブ／
バジルにんにく麹

2. 季節を彩る フルーツマフィン

48 ブルーベリー
49 ストロベリー
51 バジルパイン
53 レモンポピーシード
54 オレンジ
55 ゆず
57 アップルレーズン
59 いちじくカスタード
62 カスタードクリームを使った
マフィンレシピ
チョコカスタード／抹茶カスタード／
オレンジカスタード

RECIPE COLUMN
ケーキ型で大きく焼く
特別な日のマフィン

65 ヴィクトリアサンドイッチケーキ

3. 食事にもぴったり 野菜マフィン

68 青のりポテト／
小松菜ピーナッツバター
71 かぼちゃくるみ
74 ほうれん草／にんじん
75 トマト

4. フレーバーを楽しむ 大人のマフィン

79 チョコレート
81 モカナッツ
83 シナモンマーブル
85 緑豆あんココナッツ
86 ほうじ茶小豆
88 紅茶プルーン／紅茶カレンツ
90 ラムチャイ

5. 体にうれしい
雑穀＆和素材のマフィン

- 95　黒米バナナ
- 96　そば粉マーマレード／そば粉アップル
- 99　麻炭
- 101　くるみみそマンゴー／おから
- 103　よもぎ桜
- 104　よもぎ小豆
- 105　COLUMN　マフィンの食べ方アイディア

体にやさしいスコーン

- 106　スコーンをつくるときの道具
- 108　プレーンスコーンのつくり方
- 111　レーズンスコーン／キャロブスコーン

きほんの道具

マフィンをつくるための基本の道具は、この6つです。
よく使うものばかりなので、この機会にたりないものは買いそろえてみましょう。

スケール
材料は基本的にこれですべて計量します。1g単位で計量できるデジタル式が、お菓子づくりには便利。一般的なはかりでもOK。

ボウル
この本で紹介しているマフィンの分量は6個分が基本です。6個分なら、直径24cmくらいのサイズがおすすめ。

粉ふるい
網目が二重になっているので、きめ細かくふるうことができます。一般的なふるいでもOK。

ハンドミキサーと計量カップ
液体系の材料を混ぜるときに使います。フードプロセッサーやガラス製のミキサーでも代用できます。計量カップは付属のものでOK。ない場合は500mlの計量カップを準備。

ゴムべら
生地を混ぜたり、ボウルから型に生地を流し込むときに使います。シリコン製で、先がかたいタイプが使いやすくておすすめ。

マフィン型
この本では主に直径7cm、高さ3.2cmの6個タイプのマフィン型を使用しています。材質は使いやすいものでよいですが、ステンレスやブリキ素材が耐久性にすぐれています。

体にやさしい
マフィンづくり

ベーキングパウダーではなく重曹を使い、
牛乳は豆乳で、バターはなたね油で代用するなど
体にやさしい食材でつくるマフィンは、
かろやかでほっとする味わい。材料を混ぜたら、
あとはオーブンまかせで焼くだけと簡単です。
植物性のマフィンは洗い物がラクなのもうれしいポイント。

プレーンマフィンの材料

一般的なマフィンの場合、卵や牛乳を使います。でも、乳製品は体に負担がかかりやすい動物性の食材。
体にやさしいものを選べば、自然と植物性の食材だけに。おいしさにつながる材料を選びましょう。

材料選び

薄力粉
ポストハーベストの心配が少ない、国産のものがおすすめ。製菓用を選んで。

重曹
ベーキングパウダーよりも安価で、生地をしっとりとふくらませてくれる。

なたね油
バターの代わりに使う。香りや色のないなたね油や米油がマフィンづくりにはよい。

てんさい糖
白砂糖は体への負担が大きいが、てんさい糖はミネラルが多く含まれている。

絹豆腐
大豆成分が強いと豆臭くなってしまうので、国産で大豆成分の少ないものを。

薄力全粒粉
挽きの細かい薄力全粒粉。風味が豊かで、栄養価も高いのが特長。

豆乳
成分無調整で、有機のものを。大豆成分が少ないほうが豆の風味が少なくてベター。

酢
すっきりした酸味が特徴の穀物酢を使用。まろやかな酸味の米酢や、レモン汁でもOK。

自然塩
精製されたものではなく、海塩や岩塩など自然の塩で。ただし、粒の粗くないものがよい。

〈混ぜるだけ&オーブンまかせで簡単〉
量る・混ぜる・成形…約15分
焼く…約25分
冷ます…約15分
マフィンづくりは合計約55分。でも手がかかるのは計量して材料を混ぜ、成形する約15分。あとはオーブンで焼き上がるのを待ち、冷ますだけ。

〈一番おいしい食べどき〉
焼き上がってすぐ、アツアツでもおいしく食べられますが、半日から1日おくと味が全体になじんで、さらにおいしくなります。

〈本書のきまり〉
大さじ1は15mℓ、小さじ1は5mℓ、1カップは200mℓです。ガスオーブンを使う場合は、つくり方にある温度より10℃低く設定してください。焼き時間は、熱源や機種によって多少異なるため、レシピの時間を目安に、様子を見ながら加減してください。保存期間は目安です。

きほんのマフィンのつくり方
── プレーンマフィンのレシピ ──

粉もの
「A」の材料
(6個分)

薄力粉 ── 130g
薄力全粒粉 ── 30g
重曹 ── 小さじ1/4

★基本的に、材料はスケールでg換算で正確に計量する。

液体もの
「B」の材料
(6個分)

絹豆腐 ── 100g
豆乳 ── 60g
なたね油 ── 50g
てんさい糖 ── 50g
酢 ── 小さじ2(10g)
塩 ── ひとつまみ

1 オーブンを予熱し、Aの材料を計量する

オーブンを170℃に温める(ガスオーブンの場合は160℃)。Aの材料を分量どおりに計量する。

2 Aの材料を合わせてふるう

粉ふるいにAを合わせる。

ボウルにふるい入れる。

3 Bの材料を順番に量り入れ、混ぜ合わせる

スケールの上に計量カップを準備し、絹豆腐を分量どおり入れる。

絹豆腐の上から、豆乳を分量どおり入れる。

豆乳の上から、なたね油を分量どおり入れる。

なたね油の上から、てんさい糖を分量どおり入れる。

てんさい糖の上から、酢を分量どおり入れ、塩をひとつまみ入れる。

片方の手で計量カップを固定してハンドミキサーにかける。ハンドミキサーを上下に動かし、空気を含ませるように混ぜ合わせる。

4 AにBを混ぜ合わせる

AのボウルにBを入れる。

ゴムべらを縦に入れ、ボウルを回しながら、切るようにさっくりと混ぜ合わせる。

練りすぎずに、粉がまだ少し残っているくらいで混ぜ終える。混ぜすぎるとふんわり仕上がらなくなる。

5 生地を型に入れ、成形する

油(分量外)を薄く塗った型に、生地を等分に入れる。

ゴムべらを生地のふちにさし込み、ゴムべらの位置は動かさず、型のほうを回す。

くるっと型を回して山型に成形する。残りの5個も同様に行う。

6 オーブンで焼く

170℃のオーブンで25分焼く。オーブンから出して15分ほどおき、粗熱をとる。

手でさわれるくらいまで冷ましたら、型からマフィンをていねいに取り出す。

できあがり!

COLUMN
マフィンの保存方法

まとめてつくって冷凍保存

マフィンの保存期間は常温なら2日ほど。冷凍なら、1か月ほど保存できます。フルーツなど水分が出やすいマフィンは当日中に食べるのが一番おいしいです。保存するときはマフィンが完全に冷めてから（型から出して約30分）、ラップに包み、保存容器や保存袋に入れて冷凍庫へ。

マフィンをひとつずつラップで包みます。

ラップで包んだマフィンを保存袋に入れて冷凍庫へ。

冷凍保存後のおいしい温め方

常温において自然解凍し（夏場は冷蔵室に移して解凍する）、オーブントースター（500Wの場合）で7〜8分焼けば、表面はカリッと、中はしっとりとしたおいしさが楽しめます（温度が高い場合は、焦げないようにアルミホイルにくるむとよい）。

1.
毎日食べたい
人気のマフィン
BESTレシピ

マフィン専門店をやっていたころから愛され続けているマフィンや
イベント出店などで人気のマフィン、
マフィン教室の生徒さんが家庭でくり返しつくっているマフィンなど、
人気のマフィンのレシピを一挙に公開します。

SWEET ☐☐✓☐ MEAL

塩ピーナッツバター

トッピングの塩味がアクセント。生地のやさしい甘みを引き立てます。
ピーナッツバターのコクとメープルシロップの風味で豊かな味わいに。

材料（6個分）

- A
  - 薄力粉 —— 130g
  - 薄力全粒粉 —— 30g
  - 重曹 —— 小さじ1/4
- B
  - 絹豆腐 —— 100g
  - 豆乳 —— 60g
  - なたね油 —— 50g
  - てんさい糖 —— 50g
  - 酢 —— 小さじ2（10g）
  - 塩 —— ひとつまみ
- C
  - ピーナッツバター —— 40g
  - メープルシロップ —— 15g
  - 豆乳 —— 8g
  - 塩 —— 小さじ1/4
- 粗塩 —— 適量

つくり方

下準備
- Cを混ぜ合わせてピーナッツペーストをつくり、トッピング用に少量を取り分けておく。
- オーブンを170℃に温める。

1. ボウルにAを合わせてふるい入れる。
2. 計量カップにBを入れ、ハンドミキサーでよく混ぜる。
3. 2を1のボウルに入れ、ゴムべらで切るようにさっくりと混ぜ合わせる。
4. 粉がまだ少し残っているくらいまで混ぜたら、ピーナッツペーストをボウルの2〜3か所に落とし、ゴムべらで3回ほど切るように混ぜる。
5. 油（分量外）を薄く塗った型に生地を入れ、形よく整える。トッピング用のピーナッツペーストを等分にのせ、粗塩をふる。
6. 170℃のオーブンで25分焼き、粗熱がとれたら型から出して冷ます。

4：生地にピーナッツペーストがまんべんなく混ざるよう、2〜3か所に分けて落とし入れる。

4：生地を混ぜすぎるとグルテンが出てかたい仕上がりになるので、軽く切るように混ぜるのがポイント。

5：粗塩をトッピングしてオーブンへ。フレーク状でさくさくした食感が特徴の「マルドン シーソルト」を使用。

毎日食べたい人気のマフィンBESTレシピ

ラムきな粉マーブル

きな粉とラム酒の組み合わせが絶妙の、大人向けのマフィンです。
きな粉ペースト&きな粉をトッピングにも使うことで表情豊かな焼き上がりに。

材料(6個分)

A [薄力粉 —— 130g
    薄力全粒粉 —— 30g
    重曹 —— 小さじ1/4]

B [絹豆腐 —— 100g
    豆乳 —— 60g
    なたね油 —— 50g
    てんさい糖 —— 50g
    酢 —— 小さじ2(10g)
    塩 —— ひとつまみ]

C [きな粉 —— 大さじ2
    ラム酒 —— 大さじ2
    メープルシロップ —— 大さじ1]

ラムレーズン —— 20g
きな粉 —— 適量

つくり方

下準備
- Cを混ぜ合わせてきな粉ペーストをつくり、トッピング用に少量を取り分けておく。
- ラムレーズンは刻む。
- オーブンを170℃に温める。

1 ボウルにAを合わせてふるい入れる。
2 計量カップにBを入れ、ハンドミキサーでよく混ぜる。
3 2を1のボウルに入れ、ゴムべらで切るようにさっくりと混ぜ合わせる。
4 粉がまだ少し残っているくらいまで混ぜたら、ラムレーズンを加えて軽く混ぜ、きな粉ペーストをボウルの2~3か所に落とし、ゴムべらで3回ほど切るように混ぜる。
5 油(分量外)を薄く塗った型に生地を入れ、形よく整える。
6 トッピング用のきな粉ペーストをメープルシロップ適量(分量外)で少しのばし、スプーンで渦のようにたらす。茶こしできな粉をたっぷりふる。
7 170℃のオーブンで25分焼き、粗熱がとれたら型から出して冷ます。

6:トッピングのきな粉ペーストは、メープルシロップでのばして線を描けるくらいの濃度にする。

6:きな粉ペーストをたらし、さらにきな粉をたっぷりふって、こうばしく焼き上げる。

キャラメルナッツ

キャラメルのほろ苦さ、カリッとしたナッツの食感がたまらない、お店をやっていたころからのロングセラー。
イベントでも最初に売り切れる人気の一品です。

材料（6個分）

A
- 薄力粉 ── 130g
- 薄力全粒粉 ── 30g
- 重曹 ── 小さじ1/4

B
- 絹豆腐 ── 100g
- 豆乳 ── 60g
- なたね油 ── 50g
- てんさい糖 ── 50g
- 酢 ── 小さじ2（10g）
- 塩 ── ひとつまみ

キャラメルナッツ（下記） ── 適量

つくり方

下準備
- 下記の要領でキャラメルナッツをつくり、分量を用意して適当な大きさに砕く。
- オーブンを170℃に温める。

1 ボウルにAを合わせてふるい入れる。
2 計量カップにBを入れ、ハンドミキサーでよく混ぜる。
3 2を1のボウルに入れ、ゴムべらで切るようにさっくりと混ぜ合わせる。
4 粉がまだ少し残っているくらいまで混ぜたら、油（分量外）を薄く塗った型に生地を入れ、形よく整える。
5 生地の真ん中にキャラメルナッツを等分にのせ、少し押し込む。
6 170℃のオーブンで25分焼き、粗熱がとれたら型から出して冷ます。

★好みで、オーブンから出したあとの熱いうちに、から炒りしたひまわりの種とピスタチオを飾っても。

LESSON

キャラメルナッツのつくり方

ナッツをはじめにから炒りすることで、こうばしく、食感よく仕上がります。
そのまま食べても、アイスクリームなどにトッピングしても美味。

材料（つくりやすい分量）

ミックスナッツ ── 110g
てんさい糖 ── 50g

つくり方

1 ナッツは鍋でから炒りしておく。てんさい糖を加え、中火にかける。

2 絶えず木べらで混ぜながら、てんさい糖が溶けて全体が濃いめの茶色になるまで加熱する。

3 こうばしい香りがしてきたら、熱いうちにオーブンシートなどに広げて冷ます。

キャロット

キャロットケーキブームにのって植物性の食材でつくったスパイスたっぷりのマフィン。
クリームも豆乳ベースなので、コクがあるのにかろやかな味わいです。

材料（6個分）

A ┌ 薄力粉 —— 130g
　├ 薄力全粒粉 —— 30g
　└ 重曹 —— 小さじ1/4
シナモンパウダー —— 小さじ1
クローブパウダー —— 少々
ジンジャーパウダー —— 少々
ナツメグパウダー —— 少々
B ┌ 絹豆腐 —— 100g
　├ 豆乳 —— 40g
　├ にんじん —— 60g
　├ なたね油 —— 50g
　├ てんさい糖 —— 50g
　├ 酢 —— 小さじ2（10g）
　└ 塩 —— ひとつまみ
レーズン —— 40g

豆乳クリームチーズ

豆乳ヨーグルト —— 400g
C ┌ てんさい糖 —— 小さじ2
　└ 塩 —— 小さじ1/2
ココナッツオイル —— 40g

★豆乳クリームチーズは、つくりやすい分量です。

つくり方

下準備
- ［豆乳クリームチーズをつくる］豆乳ヨーグルトはペーパータオルで包んでざるに入れ、皿などで重しをしてしっかりと水切りする（水切り後の写真a）。ペーパーを取ってCとボウルに入れ、泡立て器でなめらかになるまで混ぜる。ココナッツオイルを少しずつ加え、乳化するまでしっかり混ぜる（写真b）。
- にんじんは皮をむいて小さくカットする。
- オーブンを170℃に温める。

1 ボウルにAを合わせてふるい入れ、スパイスを加える。
2 計量カップにBを入れ、ハンドミキサーでよく混ぜる。
3 2を1のボウルに入れ、ゴムべらで切るようにさっくりと混ぜ合わせる。7割程度混ざったところでレーズンを加え、さらに混ぜる。
4 粉がまだ少し残っているくらいまで混ぜたら、油（分量外）を薄く塗った型に生地を入れ、形よく整える。
5 170℃のオーブンで25分焼き、粗熱がとれたら型から出して冷ます。
6 5に豆乳クリームチーズをたっぷりのせ、小さいゴムべらなどできれいに塗る。あれば、から炒りしたピスタチオやかぼちゃの種をトッピングする。

a

b

2：にんじんは豆乳などの液体とともにハンドミキサーで撹拌する。

3：生地を7割がた混ぜたところにレーズンを投入。

SWEET ☐✓☐☐☐ MEAL

バナナ

トッピングだけでなく、生地の中にもバナナを練り込むのがポイント。
もっちりした食感と、バナナの風味がたまらないおいしさ。

材料（6個分）

A 薄力粉 —— 130g
　薄力全粒粉 —— 30g
　重曹 —— 小さじ1/4
B 絹豆腐 —— 100g
　豆乳 —— 40g
　なたね油 —— 50g
　てんさい糖 —— 40g
　バナナ —— 60g
　酢 —— 小さじ2（10g）
　塩 —— ひとつまみ
バナナの薄い輪切り（トッピング用）
　　—— 6枚

つくり方

下準備
- Bのバナナは一口大に切る。トッピング用のバナナは変色しないようにレモン果汁少々（分量外）をふっておく。
- オーブンを170℃に温める。

1　ボウルにAを合わせてふるい入れる。
2　計量カップにBを入れ、ハンドミキサーでよく混ぜる。
3　2を1のボウルに入れ、ゴムべらで切るようにさっくりと混ぜ合わせる。
4　粉がまだ少し残っているくらいまで混ぜたら、油（分量外）を薄く塗った型に生地を入れ、形よく整える。
5　バナナの輪切りを1枚ずつのせ、少し押し込む。
6　170℃のオーブンで25分焼き、粗熱がとれたら型から出して冷ます。

2：一口大にカットしたバナナをハンドミキサーで混ぜて生地に練り込む。バナナを加える分、豆乳の量を減らす。

5：表面にバナナをトッピングすると、練り込んだバナナとは違った食感が楽しめる。

モカアイシング →P30

SWEET MEAL

ココア

子どもから大人まで、みんな大好きなチョコレート風味のマフィン。
甘すぎないので、朝食のラインナップにプラスしてみるのもおすすめ。

できあがりイメージはP26

材料（6個分）

A
- 薄力粉 ── 130g
- 薄力全粒粉 ── 30g
- 重曹 ── 小さじ1/4

B
- 絹豆腐 ── 100g
- 豆乳 ── 60g
- なたね油 ── 50g
- てんさい糖 ── 50g
- ココアパウダー ── 10g
- 酢 ── 小さじ2（10g）
- 塩 ── ひとつまみ

つくり方

下準備 ・オーブンを170℃に温める。

1 ボウルにAを合わせてふるい入れる。
2 計量カップにBを入れ、ハンドミキサーでよく混ぜる。
3 2を1のボウルに入れ、ゴムべらで切るようにさっくりと混ぜ合わせる。
4 粉がまだ少し残っているくらいまで混ぜたら、油（分量外）を薄く塗った型に生地を入れ、形よく整える。
5 170℃のオーブンで25分焼き、粗熱がとれたら型から出して冷ます。

2：ココアパウダーは粉を混ぜ合わせるAのボウルではなく、Bのカップに入れることで、混ぜむらがなく仕上がりがきれいに。

4：まだ粉っぽさが少し残っているところで混ぜ終わると、グルテンが出ず、ふんわりと仕上がる。

材料のココアパウダーをインスタントコーヒーに替えるだけで、コーヒー味のマフィンにもアレンジできる。

SWEET ☐✓☐☐☐ MEAL

チョコチップ

カカオ由来のチョコレートではなく、キャロブを使ったおやつ向けのマフィン。
風味豊かなのに甘すぎない仕上がりで、満足感もしっかり。

できあがりイメージはP26

材料(6個分)

A 薄力粉 ―― 130g
　薄力全粒粉 ―― 30g
　重曹 ―― 小さじ1/4
B 絹豆腐 ―― 100g
　豆乳 ―― 60g
　なたね油 ―― 50g
　てんさい糖 ―― 50g
　酢 ―― 小さじ2(10g)
　塩 ―― ひとつまみ
キャロブチップ ―― 30g
キャロブチップ(トッピング用)
　―― 適量

つくり方

下準備 ● オーブンを170℃に温める。

1 ボウルにAを合わせてふるい入れる。
2 計量カップにBを入れ、ハンドミキサーでよく混ぜる。
3 2を1のボウルに入れ、ゴムべらで切るようにさっくりと混ぜ合わせる。
4 7割程度混ざったところでキャロブチップを加え、さらに混ぜる。
5 油(分量外)を薄く塗った型に生地を入れ、形よく整える。キャロブチップを数粒ずつのせ、軽く押し込む。
6 170℃のオーブンで25分焼き、粗熱がとれたら型から出して冷ます。

ココア風味のキャロブチップはカフェインフリーで体にやさしいから、妊婦や子どもにも安心。

4:まだ粉っぽさが残っているタイミングで、キャロブチップを加える。

4:完全に混ぜきらず、ほんのり粉が残っているところで混ぜ終わる。

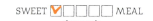

モカアイシング

シンプルなマフィンもアイシングを飾ればワンランク上のおいしさ。
コーヒーを生地に混ぜ込んだモカナッツ（P81）にかけるのもおすすめです。

材料（6個分）

プレーンマフィン（P10）の材料
　　　── 全量
モカアイシング（P31）
　　　── 全量
ピーカンナッツ
　　　── 適量
コーヒー豆を挽いたもの
　　　── 適量

つくり方

下準備
- ピーカンナッツはフライパンなどでから炒りし、半分に切る。
- オーブンを170℃に温める。

1　**【プレーンマフィンを6個つくる】**10〜12ページの要領で、ふるったAにハンドミキサーで混ぜたBを加え、ゴムべらで切るようにさっくりと混ぜて生地をつくる。型に入れて形よく整え、170℃のオーブンで25分焼き、粗熱がとれたら型から出して冷ます。
2　31ページの要領で、ボウルにモカアイシングを用意する。マフィンを逆さにして持ち、アイシングにつける。
3　アイシングが固まる前にピーカンナッツをのせ、コーヒー豆を挽いたものをふる。

2：マフィンを逆さに持ってアイシングにつけ、上面全体をコーティングする。

★アイシングは時間がたつとだれてくるので、食べる直前につけて当日中に食べきってください。

LESSON
モカアイシングのつくり方

コーティング用のアイシングは、つややかに、ぽってりと仕上げます。
ゆるいと流れ落ちて生地が透けてしまうので、水分をたすときはごく少量ずつ加えて調節を。

材料（マフィン約6個分）

てんさい糖の粉糖 ── 50g
インスタントコーヒー ── 3g
湯 ── 9g

★てんさい糖の粉糖がない場合は、てんさいグラニュー糖をミルサーでパウダー状にしたものを使用。

つくり方

1 ボウルにコーヒーを入れ、湯でよく溶いて冷ます。粉糖を加え、小さい泡立て器などでだまがなくなるまでよく混ぜる。

2 写真のように、もったりと濃厚なかたさに仕上げる（やわらかい場合は粉糖を、かたい場合は水をたして調節する）。

―――― アイシングのバリエーション ――――
レモンアイシング

材料（マフィン約6個分）

てんさい糖の粉糖 ── 50g
レモン果汁 ── 約10g

つくり方

1 モカアイシング（上記）の材料の、湯で溶いたインスタントコーヒーをレモン果汁に替え、同様につくる（やわらかい場合は粉糖を、かたい場合はレモン果汁か水をたして調節する）。

レモンしょうが麹（P41）をレモンアイシングで飾り、さわやかな甘さをプラス。

SWEET ☐ ✓ ☐ MEAL

抹茶

口の中いっぱいに広がる抹茶の風味と、けしの実のつぶつぶした食感。
抹茶好きなら、一番につくってほしいシンプルなマフィン。

材料（6個分）

A ┌ 薄力粉 ──── 130g
　├ 薄力全粒粉 ── 30g
　└ 重曹 ───── 小さじ1/4
B ┌ 絹豆腐 ──── 100g
　├ 豆乳 ───── 60g
　├ なたね油 ─── 50g
　├ てんさい糖 ── 50g
　├ 抹茶 ───── 大さじ2
　├ 酢 ────── 小さじ2（10g）
　└ 塩 ────── ひとつまみ
けしの実（白）──── 適量

★抹茶は、国産の有機栽培のものを使うと、風味よく仕上がるのでおすすめです。

つくり方

下準備 ● オーブンを170℃に温める。

1 ボウルにAを合わせてふるい入れる。
2 計量カップにBを入れ、ハンドミキサーでよく混ぜる。
3 2を1のボウルに入れ、ゴムべらで切るようにさっくりと混ぜ合わせる。
4 粉がまだ少し残っているくらいまで混ぜたら、油（分量外）を薄く塗った型に生地を入れ、形よく整える。けしの実をちらす。
5 170℃のオーブンで25分焼き、粗熱がとれたら型から出して冷ます。

2：ココア（P28）と同様、抹茶もBのカップに加えてハンドミキサーで混ぜ合わせる。

4：生地の上にけしの実を全体的にちらす。見た目だけでなく、食感や香りもよくなる。

SWEET ☐☐✓☐ MEAL

チョコチップミント

チョコミント味のものにはケミカルな材料が使われることが多いですが
ドライミントをすりつぶして使うので、ナチュラルな風味を楽しめます。

材料（6個分）

A ┌ 薄力粉 ──── 130g
　│ 薄力全粒粉 ── 30g
　└ 重曹 ──── 小さじ1/4

ドライミント（ミキサーなどで
　　パウダー状にしたもの）
　　　　── 小さじ1

B ┌ 絹豆腐 ──── 100g
　│ ソイミントミルクティー（P91）
　│　　　　── 60g
　│ なたね油 ──── 50g
　│ てんさい糖 ── 50g
　│ 酢 ── 小さじ2（10g）
　└ 塩 ── ひとつまみ

キャロブチップ ──── 40g
キャロブチップ（トッピング用）
　　　　── 適量

つくり方

下準備
- 91ページの要領でソイミントミルクティーをつくり、分量を用意する。
- オーブンを170℃に温める。

1 ボウルにAを合わせてふるい入れ、ミントを加える。
2 計量カップにBを入れ、ハンドミキサーでよく混ぜる。
3 2を1のボウルに入れ、ゴムべらで切るようにさっくりと混ぜ合わせる。
4 7割程度混ざったところでキャロブチップを加え、さらに混ぜる。
5 粉がまだ少し残っているくらいまで混ぜたら、油（分量外）を薄く塗った型に生地を入れ、形よく整える。トッピング用のキャロブチップを数粒ずつのせ、軽く押し込む。
6 170℃のオーブンで25分焼き、粗熱がとれたら型から出して冷ます。

1：下準備：ドライミントは、ミルサーにかけるかすり鉢ですりつぶしてパウダー状にし、ふるった粉に加える。

毎日食べたい人気のマフィンBESTレシピ

SWEET ✓□□□ MEAL

キャロブマロン

ココア風味のキャロブ生地を栗の形に焼いた、ビジュアル的にも大人気のマフィンです。
ごろごろの甘栗入りで、目にも舌にもおいしい。

材料（8.2cm×8cm×高さ2.6cmの
シリコン加工のマロン型6個分）

A ┌ 薄力粉 ── 120g
　├ 薄力全粒粉 ── 30g
　└ 重曹 ── 小さじ1/4

B ┌ 絹豆腐 ── 100g
　├ 豆乳 ── 60g
　├ なたね油 ── 50g
　├ てんさい糖 ── 50g
　├ キャロブパウダー ── 10g
　├ 酢 ── 小さじ2（10g）
　└ 塩 ── ひとつまみ

甘栗 ── 50g
けしの実（白） ── 適量

つくり方

下準備
- 甘栗を4等分にカットする。
- オーブンを170℃に温める。

1 ボウルにAを合わせてふるい入れる。
2 計量カップにBを入れ、ハンドミキサーでよく混ぜる。
3 2を1のボウルに入れてゴムべらで切るようにさっくりと混ぜ合わせる。
4 粉がまだ少し残っているくらいまで混ぜたら、右の「マロン型の使い方」を参考に、けしの実をまぶした型に生地と甘栗を入れ、形を整える。
　★シリコン加工されていない型の場合は、型全体に油（分量外）を薄く塗ってください。
5 170℃のオーブンで25分焼き、粗熱がとれたら型から出して冷ます。

かわいいマロン型で焼くことでマフィンの表情を変えられます。1カップずつ取りはずせるタイプなら、生地を型に沿わせやすく、よりきれいに仕上がります。

技あり！なマロン型の使い方

1
マロン型の下（栗のおしり）から1/3のところに、指で油（分量外）を塗る。

2
油をはじいてしまう前にけしの実をザッと入れてまぶし、余分なけしの実はボウルに落とす。

3
けしの実が取れないように、ゴムべらで生地を少しずつ型に入れる。隙間ができないように生地を型になでつける。

4
半分くらい生地を入れたら甘栗を入れ、残りの生地でふたをするようにやさしく押し込む。

5
ふちについた生地を指でぬぐって、きれいに整える。

COLUMN

いろいろな型を楽しむ

同じ材料とレシピでも焼く型を変えるだけで、がらりと印象が変わります。
マフィンづくりが楽しくなってきたら、新しい型を購入してみては？

おすすめのマフィン型

小ぶりの型
直径5cm前後、高さ3cmほどの小ぶりの型を使うと、本書のマフィンよりひとまわり小さいマフィンが9個ほどつくれます。焼き時間は20分を目安に様子を見ながら加減してください。

レモンの型
楕円のレモン型に焼き上がります。レモンしょうが麹(P41)やレモンポピーシード(P53)なら、見た目も味もレモンに！

マロンの型
キャロブマロン(P36)のように、栗の形をしたマフィンがつくれます。キャロブやココアなどの生地がよく映えます。

デコレーション型
マフィン6個分の分量なら、直径15cmのデコレーション型がジャストサイズ。バースデーケーキのような特大マフィン(P64)がつくれます。

パウンド型
マフィン6個分の分量なら、18cm×8.5cm×高さ約6cmのパウンド型がジャストサイズ。まさに、パウンドケーキのような仕上がりに。

ミニパウンド型
マフィン2個分の分量が入る、11.5cm×6cm×高さ5cmの小さなパウンド型です。そば粉マーマレード(P96)で焼き上がりをチェック！

マフィン型がないときは…

この本では、家庭用のオーブンに入る大きさで、直径7cmのマフィンが6個焼ける型を基本的に使っていますが、同じ型がなくても大丈夫。プリン型や紙カップでも、マフィンづくりを楽しめます。

プリン型
直径7cm前後の耐熱性のプリン型でも代用可能。薄く油を塗り、生地を八分目くらいまで入れて焼きます。型の大きさが変わると焼き時間も変わるので、様子を見ながら調節を。

自立する紙カップ
そのままオーブンに入れられる自立タイプの紙カップは、直接生地を入れて焼けるので手軽。生地の量は八分目を目安に（必ずオーブンに対応した耐熱性のものを使う）。

小さいへらがあると便利
プリン型や紙カップを使うときは、15〜21cmのミニサイズのゴムべらがあると、1個ずつ生地を入れて成形するときに重宝します。

RECIPE COLUMN

体にやさしい
麹と甘酒のマフィン

発酵食品をマフィンにとり入れて、体の中から健康に。
甘酒やしょうが麹、塩麹などを使った、
素朴な甘さのマフィン&塩味のお食事マフィンを紹介します。

甘酒ごまバナナ

レモンしょうが麹

しょうが麹の材料とつくり方 （つくりやすい分量）

1 ボウルに乾燥麹100gと天然塩35gを入れて全体を混ぜ合わせる。

2 ミキサーに適当な大きさに切ったしょうが80〜100gと水30〜50gを
　入れて撹拌し、ペースト状にする。

3 消毒した保存容器に1と2を入れて混ぜ合わせ、ヨーグルトメーカー
　（または一定の温度で保温できる調理器具）で、58℃で8時間発
　酵させる（途中、2〜3時間に1回、清潔なスプーンでかき混ぜる）。
　★冷蔵で約3か月保存可能。

RECIPE COLUMN

\ 甘酒で /

甘酒ごまバナナ

砂糖は使わず、甘酒とバナナのナチュラルな甘みだけ。
黒ごまベースの素朴な味は、朝食時などのパンの代わりにもなります。

SWEET ☐ ✓ ☐ ☐ ☐ MEAL

材料（6個分）

A
- 薄力粉 —— 130g
- 薄力全粒粉 —— 30g
- 重曹 —— 小さじ1/4

B
- 絹豆腐 —— 100g
- 豆乳 —— 20g
- なたね油 —— 50g
- 甘酒（濃縮タイプ）—— 60g
- バナナ —— 50g
- 練りごま（黒）—— 20g
- 酢 —— 小さじ2（10g）
- 塩 —— ひとつまみ

きな粉 —— 適量
炒りごま（黒）—— 適量

つくり方

下準備 ・オーブンを170℃に温める。

1. ボウルにAを合わせてふるい入れる。
2. 計量カップにBを入れ、ハンドミキサーでよく混ぜる。
3. 2を1のボウルに入れ、ゴムべらで切るようにさっくりと混ぜ合わせる。
4. 粉がまだ少し残っているくらいまで混ぜたら、油（分量外）を薄く塗った型に生地を入れ、形よく整える。茶こしできな粉をふり、炒りごまをふる。
5. 170℃のオーブンで25分焼き、粗熱がとれたら型から出して冷ます。

\ しょうが麹で /

レモンしょうが麹

元々しょうがの甘煮を使っていたのを、しょうが麹に変えてバージョンアップ。
ほどよい塩味が加わり、私のお気に入りの一品に。

SWEET ☐ ✓ ☐ ☐ ☐ MEAL

材料（8.8cm×6.6cm×高さ2.8cmの
シリコン加工のレモン型6個分）

A
- 薄力粉 —— 120g
- 薄力全粒粉 —— 30g
- 重曹 —— 小さじ1/4

B
- 絹豆腐 —— 100g
- 豆乳 —— 15g
- レモン果汁 —— 15g
- なたね油 —— 50g
- てんさい糖 —— 50g
- しょうが麹（P40）—— 10g
- レモンの皮（すりおろしたもの）—— 1個分

つくり方

下準備
・40ページの要領でしょうが麹をつくり、分量を用意する。
・レモンは皮の黄色い部分だけをすりおろし、果汁はしぼってこしておく。
・オーブンを150℃に温める。

1. ボウルにAを合わせてふるい入れる。
2. 計量カップにBを入れ、ハンドミキサーでよく混ぜる。
3. 2を1のボウルに入れ、ゴムべらで切るようにさっくりと混ぜ合わせる。
4. 粉が少し残っているくらいまで混ぜたら、型に生地を入れ、形よく整える。
   ★シリコン加工されていない型の場合は、型に油（分量外）を薄く塗ってから生地を入れてください。
5. 150℃のオーブンで25分焼き、粗熱がとれたら型から出して冷ます。
   ★焼き色がつきすぎないよう、オーブンの温度を低めに設定して焼きます。好みでレモンアイシングをかけても（P31参照）。

バジルにんにく麹

アボカド塩麹オリーブ

にんにく麹の材料とつくり方 （つくりやすい分量）

1 ボウルに乾燥麹100gと天然塩35gを入れて全体を混ぜ合わせる。
2 ミキサーににんにく5片（50g）と水130gを入れて撹拌し、ペースト状にする。
3 消毒した保存容器に1と2を入れて混ぜ合わせ、ヨーグルトメーカー（または一定の温度で保温できる調理器具）で、58℃で8時間発酵させる（途中、2～3時間に1回、清潔なスプーンでかき混ぜる）。
★冷蔵で約3か月保存可能。

RECIPE COLUMN

\ 塩麹で /

アボカド塩麹オリーブ

お食事マフィンで人気のアボカドオリーブマフィンに塩麹をプラス。
味に奥行きと旨味が増し、ワインとの相性も○。

SWEET ☐☐☐✓☐ MEAL

材料（6個分）

A 薄力粉 ── 130g
　薄力全粒粉 ── 30g
　重曹 ── 小さじ1/4

黒こしょう ── 小さじ1/4

B 絹豆腐 ── 100g
　豆乳 ── 60g
　なたね油 ── 50g
　てんさい糖 ── 15g
　酢 ── 小さじ2（10g）
　塩 ── 小さじ1/4
　塩麹 ── 10g

C アボカド ── 1/2個
　ブラックオリーブ（種抜き）
　　　── 20g

ブラックオリーブ（種抜き・
トッピング用）── 6個
黒こしょう（トッピング用）
　　　── 適量

★塩の分量は、塩麹の塩味により、調節してください。

つくり方

下準備　• アボカドは縦半分に切って皮をむき、3cm角くらいに切る。ブラックオリーブは半分の輪切りにする。　• オーブンを170℃に温める。

1 ボウルにAを合わせてふるい入れ、黒こしょうを加える。
2 計量カップにBを入れ、ハンドミキサーでよく混ぜる。
3 2を1のボウルに入れ、ゴムべらで切るようにさっくりと混ぜ合わせる。
4 7割程度混ざったところでCを加える。粉がまだ少し残っているくらいまで混ぜたら、油（分量外）を薄く塗った型に生地を入れ、形よく整える。
5 トッピング用のブラックオリーブを1個分ずつのせ、黒こしょうをふる。
6 170℃のオーブンで25分焼き、粗熱がとれたら型から出して冷ます。

\ にんにく麹で /

バジルにんにく麹

バジルの豊かな風味に、にんにくをほどよくきかせます。
バジルとズッキーニをトッピングにも使って彩りアップ。

SWEET ☐☐☐✓☐ MEAL

材料（6個分）

A 薄力粉 ── 130g
　薄力全粒粉 ── 30g
　重曹 ── 小さじ1/4

黒こしょう ── 小さじ1/4

B 絹豆腐 ── 100g
　豆乳 ── 60g
　なたね油 ── 40g
　てんさい糖 ── 15g
　バジルペースト ── 20g
　酢 ── 小さじ2（10g）
　塩 ── 小さじ1/4
　にんにく麹（P42）── 10g

C ズッキーニ
　　　── 1/2本（70g）
　えごま ── 小さじ1
バジル ── 6枚

つくり方

下準備　• 42ページの要領でにんにく麹をつくり、分量を用意する。　• ズッキーニは半月切りまたはいちょう切りにして濃いめの塩味に炒め（塩は分量外）、トッピング用に少量を取り分けておく。　• オーブンを170℃に温める。

1 ボウルにAを合わせてふるい入れ、黒こしょうを加える。
2 計量カップにBを入れ、ハンドミキサーでよく混ぜる。
3 2を1のボウルに入れ、ゴムべらで切るようにさっくりと混ぜ合わせる。
4 7割程度混ざったところでCを加える。粉が少し残っているくらいまで混ぜたら、油（分量外）を薄く塗った型に生地を入れ、形よく整える。トッピング用のズッキーニとバジルをのせる。
5 170℃のオーブンで25分焼き、粗熱がとれたら型から出して冷ます。

2.

季節を彩る
フルーツマフィン

ブルーベリー、いちご、パイナップル、レモン、りんごなど
みずみずしいフルーツでつくるデザートのようなマフィンが集合。
フルーツのマフィンに合わせたい、ヘルシーでおいしい
カスタードクリームと、そのバリエーションも紹介します。

ブルーベリー →P48

季節を彩るフルーツマフィン

ストロベリー →P49

 # ブルーベリー

程よい酸味と甘みのあるブルーベリー。
マフィンのラインナップには欠かすことのできないひと品です。

できあがりイメージはP46

材料（6個分）

A
- 薄力粉 — 130g
- 薄力全粒粉 — 30g
- 重曹 — 小さじ1/4

B
- 絹豆腐 — 100g
- 豆乳 — 60g
- なたね油 — 50g
- てんさい糖 — 50g
- 酢 — 小さじ2（10g）
- 塩 — ひとつまみ

ブルーベリー — 70g

つくり方

下準備 ・オーブンを170℃に温める。

1 ボウルにAを合わせてふるい入れる。
2 計量カップにBを入れ、ハンドミキサーでよく混ぜる。
3 2を1のボウルに入れ、ゴムべらで切るようにさっくりと混ぜ合わせる。
4 7割程度混ざったところでブルーベリーを加える。粉がまだ少し残っているくらいまで混ぜたら、油（分量外）を薄く塗った型に生地を入れ、形よく整える。
5 170℃のオーブンで25分焼き、粗熱がとれたら型から出して冷ます。

ブルーベリーは、ドライよりもフレッシュのほうが生地にしみ込んでおいしい。また、丸ごと使うので、水で洗って、しっかりと水気をきる。

4：7割がた混ぜたところで、ブルーベリーを加える。

4：なるべくブルーベリーの実をつぶさないよう、さっくりと混ぜ合わせる。

 ## ストロベリー

甘酸っぱいいちごと、ふんわり甘いココナッツの組み合わせ。
トッピングのいちごの切り方は、いろいろ試してみて。

できあがりイメージはP47

材料(6個分)

A
- 薄力粉 —— 130g
- 薄力全粒粉 —— 30g
- 重曹 —— 小さじ1/4

B
- 絹豆腐 —— 100g
- 豆乳 —— 40g
- ココナッツミルク —— 20g
- なたね油 —— 50g
- てんさい糖 —— 50g
- 酢 —— 小さじ2(10g)
- 塩 —— ひとつまみ

いちご —— 6粒
ココナッツファイン —— 適量

つくり方

下準備
- いちごはへたを取り、スライスする。
- オーブンを170℃に温める。

1 ボウルにAを合わせてふるい入れる。
2 計量カップにBを入れ、ハンドミキサーでよく混ぜる。
3 2を1のボウルに入れ、ゴムべらで切るようにさっくりと混ぜ合わせる。
4 粉がまだ少し残っているくらいまで混ぜたら、油(分量外)を薄く塗った型に生地を入れ、形よく整える。いちごをのせて少し押し込み、ココナッツをふる。
5 170℃のオーブンで25分焼き、粗熱がとれたら型から出して冷ます。

季節を彩るフルーツマフィン

4:型に入れて整えた生地の上にひと粒分のいちごをのせる。

4:のせただけではオーブンで焼くうちに生地がふくらんでいちごが落ちてしまうので、少し押し込んでおく。

4:最後に、いちごと相性のよいココナッツをいちごに沿うようにちらす。

SWEET ☑︎☐☐☐ MEAL

季節を彩るフルーツマフィン

バジルパイン

ジューシーなパイナップルの甘さを黒こしょうが引き締めます。
さわやかなバジルの香りが鼻をくすぐるマフィンです。

材料（6個分）

A ┃ 薄力粉 ── 130g
　┃ 薄力全粒粉 ── 30g
　┃ 重曹 ── 小さじ1/4

B ┃ 絹豆腐 ── 100g
　┃ 豆乳 ── 60g
　┃ なたね油 ── 50g
　┃ てんさい糖 ── 50g
　┃ バジル（刻んだもの）
　┃ 　── 大さじ1強
　┃ 酢 ── 小さじ2（10g）
　┃ 塩 ── ひとつまみ

パイナップル ── 60g
パイナップル（トッピング用）
　── 適量
バジル（トッピング用）
　── 6枚ほど
黒こしょう ── 適量

つくり方

下準備
- パイナップル60gは小さく切り、トッピング用のパイナップルは好みの大きさに切る。ともにペーパータオルで汁気を軽くふきとっておく。
- オーブンを170℃に温める。

1　ボウルにAを合わせてふるい入れる。
2　計量カップにBを入れ、ハンドミキサーでよく混ぜる。
3　2を1のボウルに入れ、ゴムべらで切るようにさっくりと混ぜ合わせる。
4　7割程度混ざったところでパイナップルを加え、さらに混ぜる。
5　粉がまだ少し残っているくらいまで混ぜたら、油（分量外）を薄く塗った型に生地を入れ、形よく整える。トッピング用のパイナップルをのせて少し押し込み、バジルをのせ、黒こしょうを少しずつふる。
6　170℃のオーブンで25分焼き、粗熱がとれたら型から出して冷ます。

オレンジ →P54

レモンポピーシード →P53

ゆず →P55

レモンポピーシード

レモン果汁とすりおろした皮を一緒に生地に練り込んで、ほんのり酸味をプラス。
レモン型で焼き上げれば、見た目も楽しいマフィンに。

材料（8.8cm×6.6cm×高さ2.8cmの
シリコン加工のレモン型6個分）

A
- 薄力粉 —— 120g
- 薄力全粒粉 —— 30g
- 重曹 —— 小さじ1/4
- けしの実（黒）—— 小さじ2/3

B
- 絹豆腐 —— 100g
- 豆乳 —— 45g
- レモン果汁 —— 大さじ1
- なたね油 —— 50g
- てんさい糖 —— 50g
- レモンの皮（すりおろしたもの）
  —— 1個分
- 塩 —— ひとつまみ

つくり方

下準備
- レモンは皮の黄色い部分だけをすりおろし、果汁はしぼってこしておく。
- オーブンを150℃に温める。

1. ボウルにけしの実以外のAを合わせてふるい入れる。けしの実はそのまま加える。
2. 計量カップにBを入れ、ハンドミキサーでよく混ぜる。
3. 2を1のボウルに入れ、ゴムべらで切るようにさっくりと混ぜ合わせる。
4. 粉がまだ少し残っているくらいまで混ぜたら、型に生地を入れ、形よく整える。
   ★シリコン加工されていない型の場合は、型に油（分量外）を薄く塗ってから生地を入れてください。
5. 150℃のオーブンで25分焼き、粗熱がとれたら型から出して冷ます。

下準備：レモンの皮は、表面の黄色い部分だけをすりおろして使う。

下準備：皮をすりおろしたら、果汁をしぼる。市販のレモン汁でも代用可。

1：けしの実はふるわずに、そのままAのボウルに加える。

 # オレンジ

トッピングのオレンジがみずみずしい鮮やかなひと品。
生地にもオレンジジュース（果汁）を練り込んで、さわやかな味わいに。

できあがりイメージはP52

材料（6個分）

A ┌ 薄力粉 ──── 130g
　├ 薄力全粒粉 ── 30g
　└ 重曹 ──── 小さじ1/4

B ┌ 絹豆腐 ──── 100g
　├ 豆乳 ───── 30g
　├ オレンジジュース ── 30g
　├ なたね油 ─── 50g
　├ てんさい糖 ── 50g
　├ 酢 ──── 小さじ2（10g）
　└ 塩 ───── ひとつまみ

オレンジ（果肉）──── 適量

つくり方

下準備
- オレンジは皮と薄皮をむいて果肉を取り出し、ペーパータオルで汁気を軽くふきとっておく。
- オーブンを170℃に温める。

1　ボウルにAを合わせてふるい入れる。
2　計量カップにBを入れ、ハンドミキサーでよく混ぜる。
3　2を1のボウルに入れ、ゴムべらで切るようにさっくりと混ぜ合わせる。
4　粉がまだ少し残っているくらいまで混ぜたら、油（分量外）を薄く塗った型に生地を入れ、形よく整える。
5　オレンジの果肉をのせ、少し押し込む。
6　170℃のオーブンで25分焼き、粗熱がとれたら型から出して冷ます。

下準備：オレンジの果肉は汁気を軽くふきとってから使うと、マフィンが水っぽくならずに仕上がる。

季節を彩るフルーツマフィン

ゆず

生地に混ぜることで、香りだけでなく、さわやかなゆずの味がしっかり広がる仕上がりに。
すだちやかぼすでもつくれるから、試してみて!

できあがりイメージはP52

材料(6個分)

A│薄力粉 —— 130g
　│薄力全粒粉 —— 30g
　│重曹 —— 小さじ1/4
B│絹豆腐 —— 100g
　│豆乳 —— 45g
　│ゆず果汁 —— 大さじ1
　│なたね油 —— 50g
　│てんさい糖 —— 50g
　│ゆずの皮(すりおろしたもの)
　│　—— 1個分
　│塩 —— ひとつまみ
ひまわりの種 —— 適量

つくり方

下準備
- ゆずは皮だけをすりおろし、果汁はしぼってこしておく。
- オーブンを170℃に温める。

1 ボウルにAを合わせてふるい入れる。
2 計量カップにBを入れ、ハンドミキサーでよく混ぜる。
3 2を1のボウルに入れ、ゴムべらで切るようにさっくりと混ぜ合わせる。
4 粉がまだ少し残っているくらいまで混ぜたら、油(分量外)を薄く塗った型に生地を入れ、形よく整える。ひまわりの種をのせる。
5 170℃のオーブンで25分焼き、粗熱がとれたら型から出して冷ます。

4:食感とこうばしさがプラスされるので、ひまわりの種はたっぷりのせるのがおすすめ。

SWEET ☐ ✓ ☐ ☐ ☐ MEAL

アップルレーズン

蒸し煮にしたトッピングのりんごと、レーズンを混ぜ込んだ生地。
口の中に広がるフルーツの甘みが味わい深いおいしさです。

材料（6個分）

A ┌ 薄力粉 —— 130g
　├ 薄力全粒粉 —— 30g
　├ シナモンパウダー —— 小さじ1
　└ 重曹 —— 小さじ1/4

B ┌ 絹豆腐 —— 100g
　├ 豆乳 —— 60g
　├ なたね油 —— 50g
　├ てんさい糖 —— 50g
　├ 酢 —— 小さじ2（10g）
　└ 塩 —— ひとつまみ

りんごの蒸し煮（P69） —— 全量
レーズン —— 20g

★シナモンパウダーも有機栽培など安全なものを選んで。りんごと組み合わせることで、風味がよくなります。

つくり方

下準備
- 69ページの要領でりんごの蒸し煮をつくる。
- オーブンを170℃に温める。

1　ボウルにAを合わせてふるい入れる。
2　計量カップにBを入れ、ハンドミキサーでよく混ぜる。
3　2を1のボウルに入れ、ゴムべらで切るようにさっくりと混ぜ合わせる。
4　7割程度混ざったところでレーズンを加える。粉がまだ少し残っているくらいまで混ぜたら、油（分量外）を薄く塗った型に生地を入れ、形よく整える。
5　蒸し煮したりんごを並べ、少し押し込む。
6　170℃のオーブンで25分焼き、粗熱がとれたら型から出して冷ます。

4：粉っぽさが残る、7割程度混ぜたところで、レーズンを加える。

5：りんごは少しずらしながら重ねて並べ、たっぷりとトッピングする。

LESSON
プレーンカスタードクリームのつくり方

カスタードクリームも、卵や白砂糖、乳製品を使わずにつくることができます。プラントベースだから、かろやかな味わいです。

材料（マフィン12個分）

A｜ 薄力粉 —— 10g
　　くず粉 —— 小さじ1・1/2
　　豆乳 —— 50g

B｜ 豆乳 —— 115g
　　てんさい糖 —— 50g
　　なたね油 —— 5g
　　塩 —— ひとつまみ

バニラエキストラクト —— 小さじ1/2
（バニラエッセンスの場合は少々）

下準備
くず粉はAの豆乳少量と合わせ、少しおいて水分を含ませ、指でよく溶かし混ぜてから残りの豆乳を混ぜる。

SWEET ☑︎☐☐☐ MEAL

季節を彩るフルーツマフィン

いちじくカスタード

フルーティーないちじく+クリーミーなカスタードでおいしさ倍増。
いちじくは熟しすぎていない、ちょっとかためのものを選んで。

材料（6個分）

A
- 薄力粉 —— 130g
- 薄力全粒粉 —— 30g
- 重曹 —— 小さじ1/4

B
- 絹豆腐 —— 100g
- 豆乳 —— 60g
- なたね油 —— 50g
- てんさい糖 —— 50g
- 酢 —— 小さじ2（10g）
- 塩 —— ひとつまみ

プレーンカスタードクリーム（下記）
　—— 半量
いちじく（くし形に切ったもの）
　—— 6切れ

つくり方

下準備
- 下記の要領でプレーンカスタードクリームをつくり、分量を用意する。
- オーブンを170℃に温める。

1. ボウルにAを合わせてふるい入れる。
2. 計量カップにBを入れ、ハンドミキサーでよく混ぜる。
3. 2を1のボウルに入れ、ゴムべらで切るようにさっくりと混ぜ合わせる。
4. 粉がまだ少し残っているくらいまで混ぜたら、油（分量外）を薄く塗った型に生地を入れる。
5. ゴムべらで中央にくぼみをつくってカスタードクリームを等分に入れ、型をまわしながら、クリームが見えるように生地で囲んで形を整える。いちじくをのせて深く押し込む。
6. 170℃のオーブンで25分焼き、粗熱がとれたら型から出して冷ます。

★冷蔵で5〜7日保存可能。

つくり方

1. ボウルにAの薄力粉をふるい入れ、くず粉を溶かした豆乳を少しずつ加え、そのつど泡立て器で混ぜ合わせる。茶こしでこしてだまをなくす。

2. 鍋にBを入れ、泡立て器で混ぜながら中火にかけ、沸騰直前に火からおろして1を加える。再び中火にかけてゴムべらで混ぜながら加熱し、とろみがついたら4分ほど弱火にかけて火を止める（写真は加熱後の状態）。

3. こし器や粉ふるいなどでボウルにこし入れ、なめらかにする。

4. バニラエキストラクトを加えてよく混ぜ、表面にラップを密着させて粗熱をとる。完全に冷めたら密閉容器に移し、冷蔵庫で保存する。

LESSON
カスタードクリームのバリエーション

チョコレート、抹茶、オレンジと、3つのテイストをお試しください。62〜63ページでは、それぞれのカスタードクリームを使ったマフィンのレシピも紹介します。カスタードクリームは、マフィン12個分がつくりやすい分量です。

チョコカスタードクリーム

材料（マフィン12個分）

A
- 薄力粉 —— 10g
- ココアパウダー —— 10g
- くず粉 —— 小さじ1・1/2
- 豆乳 —— 50g

B
- 豆乳 —— 100g
- てんさい糖 —— 50g
- なたね油 —— 5g
- 塩 —— ひとつまみ

バニラエキストラクト —— 小さじ1/2
（バニラエッセンスの場合は少々）

つくり方

下準備 ・プレーンカスタードクリーム（P58）の下準備の要領で、くず粉をAの豆乳で溶かす。

1 ボウルにAの薄力粉とココアパウダーを合わせてふるい入れる。
2 1にくず粉を溶かした豆乳を少しずつ加えながら泡立て器で混ぜ合わせ、こす。
3 鍋にBを入れ、泡立て器で混ぜながら中火にかける。沸騰直前に火からおろして2を加える。
4 3を中火にかけ、ゴムべらで混ぜながら加熱し、とろみがついたら4分ほど弱火にかけて火を止める。
5 ボウルにこし入れ、バニラエキストラクトを加えてよく混ぜ、表面にラップを密着させて粗熱をとる。完全に冷めたら密閉容器に移し、冷蔵庫で保存する。　★冷蔵で5〜7日保存可能。

2：混ぜ合わせたあと、粉ふるいなどで裏ごしするとなめらかな仕上がりに。

5：ラップを落とすことで、カスタードクリームの表面の乾燥を防ぐことができる。

抹茶カスタードクリーム

材料（マフィン12個分）

A
- 薄力粉 —— 10g
- 抹茶 —— 小さじ1
- くず粉 —— 小さじ2
- 豆乳 —— 50g

B
- 豆乳 —— 65g
- ココナッツクリーム —— 50g
- てんさい糖 —— 50g
- なたね油 —— 5g
- 塩 —— ひとつまみ

つくり方

チョコカスタードクリームのココアパウダーを抹茶に替え、Bにココナッツクリームを追加し、同様につくる（バニラエキストラクトは加えない）。

オレンジカスタードクリーム

材料（マフィン12個分）

A
- 薄力粉 —— 10g
- くず粉 —— 小さじ2
- 豆乳 —— 50g

B
- 豆乳 —— 58g
- オレンジジュース —— 58g
- てんさい糖 —— 50g
- なたね油 —— 5g
- 塩 —— ひとつまみ

オレンジエキストラクト —— 小さじ1/2
（オレンジエッセンスの場合は少々）

つくり方

チョコカスタードクリームのバニラエキストラクトをオレンジエキストラクトに替え、Bにオレンジジュースを追加し、同様につくる（ココアパウダーは加えない）。

抹茶カスタード →P63

オレンジカスタード →P63

チョコカスタード →P62

季節を彩るフルーツマフィン

カスタードクリームを使ったマフィンレシピ

 # チョコカスタード

チョコカスタードクリームを生地の中に包み込んで焼き上げます。
マフィンの生地にしっとりしたカスタードクリームは相性抜群。

できあがりイメージはP61

材料（6個分）

A 薄力粉 —— 130g
　薄力全粒粉 —— 30g
　重曹 —— 小さじ1/4
B 絹豆腐 —— 100g
　豆乳 —— 60g
　なたね油 —— 50g
　てんさい糖 —— 50g
　酢 —— 小さじ2（10g）
　塩 —— ひとつまみ
チョコカスタードクリーム（P60） —— 半量
アーモンド —— 適量

つくり方

下準備
- 60ページの要領でチョコカスタードクリームをつくり、分量を用意する。トッピング用に少量取り分けておく。
- アーモンドは細かく刻む。
- オーブンを170℃に温める。

1　ボウルにAを合わせてふるい入れる。
2　計量カップにBを入れ、ハンドミキサーでよく混ぜる。
3　2を1のボウルに入れ、ゴムべらで切るようにさっくりと混ぜ合わせる。
4　粉がまだ少し残っているくらいまで混ぜたら、油（分量外）を薄く塗った型に生地を入れる。
5　ゴムべらで中央にくぼみをつくり、チョコカスタードクリームを1/6量ずつ入れ、生地で包み込む。生地の上にもクリームをトッピングし、アーモンドをちらす。
6　170℃のオーブンで25分焼き、粗熱がとれたら型から出して冷ます。

5：型に生地を入れたら、ゴムべらで中央にチョコカスタードクリームを入れるためのくぼみをつくる。

5：スプーンと指を使って、チョコカスタードクリームを生地の中央に入れる。

5：マフィン型をまわしながら生地を整えてクリームを包み込む。上にもクリームをトッピングする。

 ## 抹茶カスタード

抹茶の香りがカスタードクリームにまったり広がるマフィン。
しっかり甘みのある、手づくりカスタードクリームのおいしさを堪能して。

できあがりイメージはP61

材料（6個分）

A ┌ 薄力粉 —— 130g
　├ 薄力全粒粉 —— 30g
　└ 重曹 —— 小さじ1/4

B ┌ 絹豆腐 —— 100g
　├ 豆乳 —— 60g
　├ なたね油 —— 50g
　├ てんさい糖 —— 50g
　├ 酢 —— 小さじ2（10g）
　└ 塩 —— ひとつまみ

抹茶カスタードクリーム（P60）—— 半量
抹茶（トッピング用）—— 適量

つくり方

下準備
- 60ページの要領で抹茶カスタードクリームをつくり、分量を用意する。トッピング用に少量取り分けておく。
- オーブンを170℃に温める。

1 ボウルにAを合わせてふるい入れる。
2 計量カップにBを入れ、ハンドミキサーでよく混ぜる。
3 2を1のボウルに入れ、ゴムべらで切るようにさっくりと混ぜる。
4 粉がまだ少し残っているくらいまで混ぜたら、油（分量外）を薄く塗った型に生地を入れる。
5 ゴムべらで中央にくぼみをつくり、抹茶カスタードクリームを1/6量ずつ入れ、生地で包み込む。生地の上にもクリームをトッピングし、抹茶を茶こしでふるう。
6 170℃のオーブンで25分焼き、粗熱がとれたら型から出して冷ます。

 ## オレンジカスタード

ちょっぴり酸味のあるオレンジカスタードクリームと、ココア生地のハーモニー。
甘すぎないので、男性への手みやげにもおすすめ。

できあがりイメージはP61

材料（6個分）

A ┌ 薄力粉 —— 130g
　├ 薄力全粒粉 —— 30g
　└ 重曹 —— 小さじ1/4

B ┌ 絹豆腐 —— 100g
　├ 豆乳 —— 60g
　├ なたね油 —— 50g
　├ てんさい糖 —— 50g
　├ ココアパウダー —— 10g
　├ 酢 —— 小さじ2（10g）
　└ 塩 —— ひとつまみ

オレンジカスタードクリーム（P60）—— 半量
けしの実（白）—— 適量

つくり方

下準備
- 60ページの要領でオレンジカスタードクリームをつくり、分量を用意する。トッピング用に少量取り分けておく。
- オーブンを170℃に温める。

1 ボウルにAを合わせてふるい入れる。
2 計量カップにBを入れ、ハンドミキサーでよく混ぜる。
3 2を1のボウルに入れ、ゴムべらで切るようにさっくりと混ぜる。
4 粉がまだ少し残っているくらいまで混ぜたら、油（分量外）を薄く塗った型に生地を入れる。ゴムべらで中央にくぼみをつくり、オレンジカスタードクリームを1/6量ずつ入れ、生地で包み込む。生地の上にもクリームをトッピングし、けしの実をちらす。
5 170℃のオーブンで25分焼き、粗熱がとれたら型から出して冷ます。

RECIPE COLUMN

ケーキ型で大きく焼く
特別な日のマフィン

プレーンマフィンの生地を、
型を変えてケーキのように大きく焼けば
存在感のあるスペシャルなマフィンに大変身。
おもてなしにもぴったりのレシピを紹介します。

RECIPE COLUMN

ヴィクトリアサンドイッチケーキ

たっぷりのジャムをはさみ、イギリスの伝統菓子・ヴィクトリアサンドイッチケーキ風に。
粉糖やエディブルフラワーで飾って見栄えよく仕上げます。

材料（直径15cmのデコレーション型1個分）

プレーンマフィン（P10）の材料
　　　　── 全量
いちごジャムまたはラズベリージャム
（水分が少ないかためのもの）
　　　　── 50〜60g
てんさい糖の粉糖 ── 適量
エディブルフラワー ── 適量

つくり方

下準備　● オーブンを170℃に温める。

1　**【プレーンマフィンの生地をつくる】** 10〜11ページの要領で、ふるったAにハンドミキサーで混ぜたBを加え、ゴムべらで切るようにさっくりと混ぜる。

2　油（分量外）を薄く塗ったデコレーション型に1を入れ、表面を平らにならす。170℃のオーブンで25分焼く。粗熱がとれたら型から出して冷ます。

3　2を横半分に切り、カットした面にジャムを塗ってサンドする。茶こしで粉糖をふり、エディブルフラワーを飾る。

直径15cmのデコ型は、マフィン6個分の生地がちょうど入るサイズ。

2：型に生地を入れ、ゴムべらで表面を平らにならしてオーブンへ。

2：ケーキの中心に竹串を刺し、生の生地がついてこなければ、焼き上がりのサイン。

3：パレットナイフで生地にジャムを塗り広げる。端まで塗ると、サンドしたときにはみ出してしまうので、周りに少し余白を残す。

3：粉糖をふって見栄えをアップ。

3.
食事にもぴったり 野菜マフィン

ちょっぴりお腹が減ったときのおやつから、きちんとした食事、
お酒のつまみまで、いろんなシーンで活躍する野菜のマフィン。
蒸し煮や炒め蒸しにしておいしさを閉じ込める
食材の使い方にも注目です。

小松菜ピーナッツバター →P68

青のりポテト →P68

青のりポテト

相性抜群の青のりとじゃがいものコンビは、マフィンにもよく合います。
ほどよい塩味でやみつきになる、隠れた人気メニュー。

できあがりイメージはP67

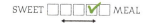

材料（6個分）

A ┌ 薄力粉 ―― 130g
　│ 薄力全粒粉 ―― 30g
　│ 重曹 ―― 小さじ1/4
　└ 青のり ―― 大さじ1/2

B ┌ 絹豆腐 ―― 100g
　│ 豆乳 ―― 70g
　│ なたね油 ―― 50g
　│ てんさい糖 ―― 大さじ1
　│ 酢 ―― 小さじ2（10g）
　└ 塩 ―― 小さじ1/4

じゃがいも ―― 小1個（70g）
青のり（トッピング用） ―― 適量

つくり方

下準備
- じゃがいもはいちょう切りにし、濃いめの塩味に炒め（塩は分量外）、トッピング用に6切れ取り分けておく。
- オーブンを170℃に温める。

1　ボウルに青のり以外のAを合わせてふるい入れる。青のりはそのままボウルに加える。
2　計量カップにBを入れ、ハンドミキサーでよく混ぜる。
3　2を1のボウルに入れ、ゴムべらで切るようにさっくりと混ぜ合わせる。
4　7割程度混ざったところでじゃがいもを加える。粉がまだ少し残っているくらいまで混ぜ、油（分量外）を薄く塗った型に生地を入れ、形よく整える。じゃがいもをのせて少し押し込み、青のりをふる。170℃のオーブンで25分焼き、粗熱がとれたら型から出して冷ます。

1：青のりはふるう必要がないので、Aの最後に加える。

4：トッピング用に6切れ残しておき、じゃがいもを生地に混ぜ込む。

小松菜ピーナッツバター

意外な組み合わせですが、食べれば納得のおいしさ。
ピーナッツバターの量を変えれば甘さの調節も簡単。

できあがりイメージはP67

材料（6個分）

A ┌ 薄力粉 ―― 130g
　│ 薄力全粒粉 ―― 30g
　└ 重曹 ―― 小さじ1/4

B ┌ 絹豆腐 ―― 100g
　│ 豆乳 ―― 50g
　│ なたね油 ―― 50g
　│ てんさい糖 ―― 50g
　│ 小松菜（蒸し煮にして水気を
　│ 　きったもの） ―― 30g
　│ ピーナッツバター ―― 小さじ2
　│ 酢 ―― 小さじ2（10g）
　└ 塩 ―― 小さじ1/4

ピーナッツバター（トッピング用）
　―― 適量

つくり方

下準備
- 小松菜は69ページの要領で蒸し煮にし、水気をしぼって分量を用意し、細かく切る。
- オーブンを170℃に温める。

1　ボウルにAを合わせてふるい入れる。
2　計量カップにBを入れ、ハンドミキサーでよく混ぜる。
3　2を1のボウルに入れ、ゴムべらで切るようにさっくりと混ぜ合わせる。
4　粉がまだ少し残っているくらいまで混ぜたら、油（分量外）を薄く塗った型に生地を入れ、形よく整える。ピーナッツバターをのせる。
5　170℃のオーブンで25分焼き、粗熱がとれたら型から出して冷ます。

下準備：蒸し煮にした小松菜は水気をしぼって細かく切っておく。

2：細かく切ってからハンドミキサーにかけることで、絡まることなくスムーズに混ぜ合わせられる。

LESSON
蒸し煮をつくる

マフィンで使う野菜や果物を、蒸し煮にするとおいしさアップ。
ゆでるよりも栄養分を逃さず、旨味をギュッと閉じ込めることができるので、素材の甘みが引き立ちます。

葉物の蒸し煮
（小松菜、ほうれん草など）

小松菜の蒸し煮の材料
（つくりやすい分量）

- 小松菜 —— 1束（約200g）
- 塩 —— ひとつまみ

1 小松菜は洗って水気をつけたまま、塩とともに厚底の鍋に入れてふたをする。中火にかける。

2 焦げないように注意しながら、ジューッと音がしたら弱火にし、約1分で火を止める。

3 しんなりと火が通ったらざるなどにあげ、粗熱がとれてから手で水気をしぼり、好みの大きさに切る。

根菜の蒸し煮
（かぼちゃ、じゃがいも、にんじんなど）

かぼちゃの蒸し煮の材料
（つくりやすい分量）

- かぼちゃ（種とわたを取った正味）
  —— 400g
- 水 —— かぼちゃの1/3量
- 塩 —— ひとつまみ

1 厚底の鍋やフライパンにカットしたかぼちゃを入れ、水と塩を加えてふたをする。中火にかける。

2 沸騰したら弱火にし、約3分で火を止める。竹串がスッと通ればOK。

3 鍋からかぼちゃを取り出し、粗熱がとれてから一口大に切る。

果物の蒸し煮
（りんごなど）

りんごの蒸し煮の材料
（つくりやすい分量）

- りんご —— 1/2個（80〜90g）
- 水 —— りんごの1/3量
- 塩 —— ひとつまみ

1 厚底の鍋やフライパンにいちょう切りにしたりんごを入れ、水と塩を加えてふたをする。中火にかける。

2 沸騰したら弱火にし、約3分で火を止める。ふたをしたまま余熱で5分蒸らす。鍋に水分が残っていたら中火で水気をとばす。

 # かぼちゃくるみ

蒸し煮にしたかぼちゃの甘みと、くるみの食感がおいしいお食事マフィン。
かぼちゃの皮をくり抜くトッピングのひと手間が、焼き上がりの楽しみを大きくしてくれます。

材料（6個分）

A
- 薄力粉 —— 130g
- 薄力全粒粉 —— 30g
- シナモンパウダー —— 小さじ1
- 重曹 —— 小さじ1/4

B
- 絹豆腐 —— 100g
- 豆乳 —— 40g
- なたね油 —— 50g
- てんさい糖 —— 40g
- かぼちゃ（蒸し煮にして皮を取ったもの） —— 60g
- 酢 —— 小さじ2（10g）
- 塩 —— ひとつまみ

くるみ —— 40g

つくり方

下準備
- かぼちゃは69ページの要領で蒸し煮にする。皮を厚めにむいて分量を用意し、皮は型で抜く。
- くるみはフライパンなどでから炒りし、小さく刻む。
- オーブンを170℃に温める。

1 ボウルにAを合わせてふるい入れる。
2 計量カップにBを入れ、ハンドミキサーでよく混ぜる。
3 2を1のボウルに入れ、ゴムべらで切るようにさっくりと混ぜ合わせる。
4 7割程度混ざったところでくるみを加える。粉がまだ少し残っているくらいまで混ぜたら、油（分量外）を薄く塗った型に生地を入れ、形よく整える。
5 型抜きしたかぼちゃの皮をのせ、軽く押し込む。
6 170℃のオーブンで25分焼き、粗熱がとれたら型から出して冷ます。

下準備：蒸し煮にしたかぼちゃは、皮を厚めにむく。

下準備：好みのクッキー型などで、かぼちゃの皮を抜いておく。

ほうれん草 ➜P74　　にんじん ➜P74

食事にもぴったり野菜マフィン

トマト ➡ P75

ほうれん草

ほうれん草の緑に、鮮やかなパプリカとコーンがカラフルな焼き上がり。
子どももよろこんで食べる野菜たっぷりのマフィン。

できあがりイメージはP72

SWEET □□□☑□ MEAL

4：生地にCを混ぜるときに、トッピング用に少し残しておく。

材料（6個分）

- A
  - 薄力粉 —— 130g
  - 薄力全粒粉 —— 30g
  - 重曹 —— 小さじ1/4
- B
  - 絹豆腐 —— 100g
  - 豆乳 —— 50g
  - なたね油 —— 50g
  - てんさい糖 —— 15g
  - ほうれん草（蒸し煮にして水気をきったもの） —— 30g
  - 酢 —— 小さじ2(10g)
  - 塩 —— 小さじ1/4
- C
  - 赤パプリカ —— 1/4個
  - 粒コーン —— 40g

つくり方

下準備
- ほうれん草は69ページの要領で蒸し煮にし、水気をしぼって分量を用意し、粗くカットする。
- 赤パプリカは1cm角に切って少量の油（分量外）で炒め、塩（分量外）で調味する。
- オーブンを170℃に温める。

1. ボウルにAを合わせてふるい入れる。
2. 計量カップにBを入れ、ハンドミキサーでよく混ぜる。
3. 2を1のボウルに入れ、ゴムべらで切るようにさっくりと混ぜ合わせる。
4. 7割程度混ざったところで、トッピング用を少し残してCを加える。粉がまだ少し残っているくらいまで混ぜたら、油（分量外）を薄く塗った型に生地を入れ、形よく整える。残しておいたCをのせる。
5. 170℃のオーブンで25分焼き、粗熱がとれたら型から出して冷ます。

4：残しておいたCを生地の表面にトッピングする。鮮やかな焼き上がりになる。

にんじん

生のにんじんをそのまま生地に練り込むからヘルシー。
にんじん本来の甘さを引き立てる、はちみつが隠し味。

できあがりイメージはP72

SWEET □□□☑□ MEAL

下準備：にんじんは、加熱せずに、皮つきのままカットする。

材料（6個分）

- A
  - 薄力粉 —— 130g
  - 薄力全粒粉 —— 30g
  - 重曹 —— 小さじ1/4
- B
  - 絹豆腐 —— 100g
  - 豆乳 —— 20g
  - なたね油 —— 50g
  - てんさい糖 —— 20g
  - にんじん —— 中1/4本(30g)
  - はちみつ —— 50g
  - 酢 —— 小さじ2(10g)
  - 塩 —— ひとつまみ
- ピスタチオ —— 3粒

つくり方

下準備
- にんじんは皮つきのまま小さめの一口大にカットする。
- オーブンを170℃に温める。

1. ボウルにAを合わせてふるい入れる。
2. 計量カップにBを入れ、ハンドミキサーでよく混ぜる。
3. 2を1のボウルに入れ、ゴムべらで切るようにさっくりと混ぜ合わせる。
4. 粉がまだ少し残っているくらいまで混ぜたら、油（分量外）を薄く塗った型に生地を入れ、形よく整える。
5. ピスタチオを半割りにしてのせる。
6. 170℃のオーブンで25分焼き、粗熱がとれたら型から出して冷ます。

2：はちみつを加えるとまろやかな甘さに。にんじんと相性がよい。

トマト

トマト、ブロッコリー、玉ねぎに、麦みそのやさしいコクをプラス。
ちょっとした食事に最適のひと品。

SWEET □□□□☑ MEAL

できあがりイメージはP73

材料(6個分)

A ┌ 薄力粉 ──── 130g
　├ 薄力全粒粉 ──── 30g
　└ 重曹 ──── 小さじ1/4
黒こしょう ──── 小さじ1/2
B ┌ 絹豆腐 ──── 100g
　├ 豆乳 ──── 30g
　├ トマトピューレ ──── 40g
　├ なたね油 ──── 50g
　├ てんさい糖 ──── 大さじ1
　├ 麦みそ ──── 小さじ1
　├ 酢 ──── 小さじ2(10g)
　└ 塩 ──── 小さじ1/4
C ┌ ブロッコリー ──── 小1/2株
　└ 玉ねぎ ──── 1/4個
パン粉 ──── 適量
黒こしょう ──── 適量

つくり方

下準備
- ブロッコリーと玉ねぎを下記の要領で炒め蒸しにする。
- オーブンを170℃に温める。

1 ボウルにAを合わせてふるい入れ、黒こしょうを加える。
2 計量カップにBを入れ、ハンドミキサーでよく混ぜる。
3 2を1のボウルに入れ、ゴムべらで切るようにさっくりと混ぜ合わせる。
4 7割程度混ざったところで、トッピング用を少し残してCを加える。粉がまだ少し残っているくらいまで混ぜたら、油(分量外)を薄く塗った型に生地を入れ、形よく整える。
5 残しておいたCをのせ、パン粉、黒こしょうをふる。
6 170℃のオーブンで25分焼き、粗熱がとれたら型から出して冷ます。

LESSON

炒め蒸しをつくる

油がまわるよう、炒めたあとふたをして少し蒸すという調理方法です。
蒸し煮(P69)のように、旨味をギュッと閉じ込めることができます。蒸し煮よりも味をしっかり出したいときに◎。

鍋に油(分量外)を熱し、小房に分けたブロッコリーとスライスした玉ねぎを中火で炒める。油がまわったら、材料の1/3量がかぶるくらいの水を加える。

弱火にしてふたをする。焦げないように注意しながらブロッコリーに火を通す。

4.
フレーバーを楽しむ
大人のマフィン

チョコレートやコーヒー、スパイス、ココナッツ、お茶など
豊かな香りと風味を楽しむ、
大人テイストのマフィンを集めました。
ちょっとぜいたくなおいしさを楽しんでみてください。

チョコレート

ビターチョコを生地に練り込んだ濃厚&リッチな味わいのマフィン。
バレンタインシーズンなどの冬場によく焼いています。

材料(6個分)

A ┌ 薄力粉 —— 130g
　├ 薄力全粒粉 —— 30g
　└ 重曹 —— 小さじ1/4

B ┌ 絹豆腐 —— 100g
　├ 豆乳 —— 70g
　├ なたね油 —— 50g
　├ てんさい糖 —— 50g
　├ カカオマス(タブレットタイプ)
　│　　　　　　—— 30g
　├ ココアパウダー —— 5g
　├ 酢 —— 小さじ2(10g)
　└ 塩 —— ひとつまみ

ココアパウダー —— 適量
フリーズドライフランボワーズ
　　　　　　—— 適量

つくり方

下準備
- カカオマスを湯せんにかけて溶かしておく。
- オーブンを170℃に温める。

1　ボウルにAを合わせてふるい入れる。
2　計量カップにBを入れ、ハンドミキサーでよく混ぜる。
3　2を1のボウルに入れ、ゴムべらで切るようにさっくりと混ぜ合わせる。
4　粉がまだ少し残っているくらいまで混ぜたら、油(分量外)を薄く塗った型に生地を入れ、形よく整える。茶こしでココアパウダーをたっぷりふる。
5　170℃のオーブンで25分焼き、粗熱がとれたら型から出して冷ます。フリーズドライフランボワーズを少量ずつトッピングする。

下準備:カカオマスは乳製品や砂糖などが入っていない、カカオ分100%のチョコレート。タブレットタイプなら刻む手間がなく便利。湯せんで溶かしてから生地に混ぜる。

SWEET ☐ ☑ ☐ MEAL

— フレーバーを楽しむ大人のマフィン

モカナッツ

コーヒーの風味とほろ苦さ、ナッツのこうばしさが絶妙。
サクッとしたナッツの食感も楽しいマフィンです。

材料（6個分）

- A
  - 薄力粉 —— 130g
  - 薄力全粒粉 —— 30g
  - 重曹 —— 小さじ1/4
- コーヒー豆（細かく挽いたもの） —— 大さじ1
- B
  - 絹豆腐 —— 100g
  - 豆乳 —— 60g
  - なたね油 —— 50g
  - てんさい糖 —— 50g
  - 酢 —— 小さじ2（10g）
  - 塩 —— ひとつまみ
- ピーカンナッツ —— 40g
- ピーカンナッツ（トッピング用） —— 6粒
- コーヒー豆（細かく挽いたもの・トッピング用） —— 適量

つくり方

下準備
- ピーカンナッツはフライパンなどでから炒りし、トッピング用を除いて刻んでおく。
- オーブンを170℃に温める。

1. ボウルにAを合わせてふるい入れ、コーヒー豆を挽いたものを加える。
2. 計量カップにBを入れ、ハンドミキサーでよく混ぜる。
3. 2を1のボウルに入れ、ゴムべらで切るようにさっくりと混ぜ合わせる。
4. 7割程度混ざったところで刻んだピーカンナッツを加える。
5. 粉がまだ少し残っているくらいまで混ぜたら、油（分量外）を薄く塗った型に生地を入れ、形よく整える。トッピング用のピーカンナッツをのせて少し押し込み、コーヒー豆を挽いたものを少しずつふる。
6. 170℃のオーブンで25分焼き、粗熱がとれたら型から出して冷ます。

コーヒー豆は好みのものを選び、コーヒーミルで細かく挽いて使う。ふるわずに、そのまま粉に加える。

シナモンマーブル

SWEET ✓☐☐☐☐ MEAL

手づくりのシナモンペーストをさっくり混ぜれば、マーブル模様に。
シナモンの独特の甘みと香りは、おやつの主役にぴったり。

材料（6個分）

A 薄力粉 —— 130g
　薄力全粒粉 —— 30g
　重曹 —— 小さじ1/4

B 絹豆腐 —— 100g
　豆乳 —— 60g
　なたね油 —— 50g
　てんさい糖 —— 50g
　酢 —— 小さじ2（10g）
　塩 —— ひとつまみ

シナモンペースト（下記）—— 全量
シナモンパウダー —— 適量

つくり方

下準備　● 下記の要領でシナモンペーストをつくる。
　　　　● オーブンを170℃に温める。

1　ボウルにAを合わせてふるい入れる。
2　計量カップにBを入れ、ハンドミキサーでよく混ぜる。
3　2を1のボウルに入れ、ゴムべらで切るようにさっくりと混ぜ合わせる。
4　粉がまだ少し残っているくらいまで混ぜたら、シナモンペーストをボウルの2〜3か所に落とし、ゴムべらで3回ほど切るように混ぜる。
5　油（分量外）を薄く塗った型に生地を入れ、形よく整える。茶こしでシナモンパウダーを少しずつふる。
6　170℃のオーブンで25分焼き、粗熱がとれたら型から出して冷ます。

4：シナモンペーストはひとまとめに加えるのではなく、2〜3か所に分けて落とす。そのあと混ぜることでマーブル模様になる。

LESSON
シナモンペーストのつくり方

メープルシロップとシナモンパウダーを、1対1の割合で混ぜ合わせるだけ。
マフィンの生地に練り込むほか、トーストやヨーグルトのトッピングにぴったり。

材料（マフィン6個分）

メープルシロップ
　　—— 大さじ2
シナモンパウダー
　　—— 大さじ2

1　ボウルに材料を入れて、小さい泡立て器などで混ぜ合わせる。

2　粉っぽさがなくなり、つやが出てきたら、できあがり。

緑豆あんココナッツ
りょくとう

緑豆あんこの控えめな甘さと、ココナッツのしっとり感がたまらない、
お茶菓子にもよろこばれるマフィン。

SWEET ☐✓☐☐☐ MEAL

材料（6個分）

A 薄力粉 —— 130g
　 薄力全粒粉 —— 30g
　 重曹 —— 小さじ1/4

ココナッツファイン
　　　 —— 10g

B 絹豆腐 —— 100g
　 豆乳 —— 60g
　 なたね油 —— 50g
　 てんさい糖 —— 50g
　 酢 —— 小さじ2（10g）
　 塩 —— ひとつまみ

緑豆あん（下記） —— 60g
緑豆あん（下記・トッピング用）
　　　 —— 適量

つくり方

下準備
- 下記の要領で緑豆あんをつくり、分量を用意する。トッピング用に、1cm大に丸めた緑豆あんを6つ用意する。
- オーブンを170℃に温める。

1　ボウルにAを合わせてふるい入れる。ココナッツを加える。
2　計量カップにBを入れ、ハンドミキサーでよく混ぜる。
3　2を1のボウルに入れ、ゴムべらで切るようにさっくりと混ぜ合わせる。
4　粉がまだ少し残っているくらいまで混ぜたら、油（分量外）を薄く塗った型に生地を入れる。
5　生地にくぼみをつくり、3cm大くらいに丸めた緑豆あんを入れて包み込み、形よく整える。トッピングの緑豆あんをのせ、ココナッツファイン（分量外）をちらす。
6　170℃のオーブンで25分焼き、粗熱がとれたら型から出して冷ます。

1：ココナッツはふるわずに、ボウルに加える。

5：型に入れた生地にくぼみをつくり、3cmくらいに丸めた緑豆あんを入れてから成形する。

LESSON
緑豆あん＆小豆あんのつくり方

やさしい甘さの緑豆や小豆のあんをつくります。
土鍋ならほっくり炊けるのでおすすめですが、圧力鍋や鋳物、一般的な鍋でも代用できます。

材料（つくりやすい分量）

緑豆（小豆） —— 1カップ
水 —— 5カップ
（小豆の場合は3カップ）
てんさい糖 —— 100g
塩 —— ひとつまみ

つくり方

1：緑豆（小豆）は洗って水と一緒に鍋に入れ、強火にかける。沸騰したら弱火にし、やわらかくなるまでコトコトゆでる。

2：指でつぶれるくらいになったらてんさい糖を入れ、塩を加える。

3：水分が少し残る程度まで煮る。

ほうじ茶小豆

お茶の香りに、小豆の甘さがマッチ。
ココナッツがアクセントのとってもおいしいマフィン。

SWEET ☐✓☐☐ MEAL

材料（6個分）

A
- 薄力粉 —— 130g
- 薄力全粒粉 —— 30g
- 重曹 —— 小さじ1/4
- ほうじ茶葉（すったもの）
  —— 小さじ1

- 小豆あんの小豆
  （トッピング用・P85）
  —— 適量
- ココナッツファイン
  —— 適量

B
- 絹豆腐 —— 100g
- ほうじ茶（豆乳を加えて
  濃く煮出したもの）
  —— 60g
- なたね油 —— 50g
- てんさい糖 —— 50g
- 酢 —— 小さじ2（10g）
- 塩 —— ひとつまみ

- 小豆あん（P85）
  —— 40g

つくり方

下準備　●85ページの要領で小豆あんをつくり、分量を用意する。　●ほうじ茶は、鍋に水50gを沸かし、沸騰したら火を止め、ほうじ茶葉10gを入れて葉を開かせ、豆乳100gを加えて弱火で約5分煮出す。茶こしでこして冷まし、60g用意する。　●オーブンを170℃に温める。

1　ボウルにAを合わせてふるい入れる。
2　計量カップにBを入れ、ハンドミキサーでよく混ぜる。
3　2を1のボウルに入れ、ゴムべらで切るようにさっくりと混ぜ合わせる。
4　7割程度混ざったところで小豆あんを加える。粉がまだ少し残っているくらいまで混ぜたら、油（分量外）を薄く塗った型に生地を入れ、形よく整える。小豆をのせて、ココナッツをちらす。
5　170℃のオーブンで25分焼き、粗熱がとれたら型から出して冷ます。

ほうじ茶葉はミキサーでする。ミキサーがない場合はすり鉢でも代用できる。

下準備：ほうじ茶は豆乳を加えて濃いめに煮出したあと、茶こしでこして冷まし、60gを使用する。

フレーバーを楽しむ大人のマフィン

紅茶カレンツ ➡P88

紅茶プルーン ➡P88

紅茶プルーン

濃く煮出したアールグレイで、マフィンの香りが格段にアップ。
プルーンの紅茶煮入りで存在感のあるマフィンに。

できあがりイメージはP87

SWEET ☐✓☐☐☐ MEAL

プルーンの紅茶煮は保存容器に入れ、冷蔵庫に1日以上おいたほうが、おいしくなる。

材料(6個分)

A │ 薄力粉 —— 130g
　│ 薄力全粒粉 —— 30g
　│ 重曹 —— 小さじ1/4

紅茶葉(ミキサーなどですったもの)
　—— 小さじ1

B │ 絹豆腐 —— 100g
　│ アールグレイティー(P89)
　│ 　—— 60g
　│ なたね油 —— 50g
　│ てんさい糖 —— 50g
　│ 酢 —— 小さじ2(10g)
　│ 塩 —— ひとつまみ

プルーンの紅茶煮(P89)
　—— 40g+3個(トッピング用)

つくり方

下準備
- 89ページの要領でアールグレイティー、プルーンの紅茶煮をつくり、分量を用意する。プルーンは4〜6等分に切り、トッピング用の3粒は半分に切る。
- オーブンを170℃に温める。

1 ボウルにAを合わせてふるい入れ、紅茶葉を加える。
2 計量カップにBを入れ、ハンドミキサーでよく混ぜる。
3 2を1のボウルに入れ、ゴムべらで切るようにさっくりと混ぜ合わせる。
4 7割程度混ざったところでプルーンを加える。粉がまだ少し残っているくらいまで混ぜたら、油(分量外)を薄く塗った型に生地を入れ、形よく整える。
5 トッピング用のプルーンをのせ、軽く押し込む。
6 170℃のオーブンで25分焼き、粗熱がとれたら型から出して冷ます。

紅茶カレンツ

紅茶風味のマフィン生地にカレンツを加えて、深みのある甘さに。
おやつの時間が待ちどおしくなるおいしさです。

できあがりイメージはP87

SWEET ☐✓☐☐☐ MEAL

カレンツの紅茶煮は、プルーンの紅茶煮とつくり方は同じで、プルーンがカレンツに代わるだけ。生地を倍量準備して、2種のマフィンをつくってみては?

材料(6個分)

A │ 薄力粉 —— 130g
　│ 薄力全粒粉 —— 30g
　│ 重曹 —— 小さじ1/4

紅茶葉(ミキサーなどですったもの)
　—— 小さじ1

B │ 絹豆腐 —— 100g
　│ アールグレイティー(P89) —— 60g
　│ なたね油 —— 50g
　│ てんさい糖 —— 50g
　│ 酢 —— 小さじ2(10g)
　│ 塩 —— ひとつまみ

カレンツの紅茶煮(P89) —— 20g

つくり方

下準備
- 89ページの要領でアールグレイティー、カレンツの紅茶煮をつくり、分量を用意する。カレンツはトッピング用に少し取り分けておく。
- オーブンを170℃に温める。

1 ボウルにAを合わせてふるい入れ、紅茶葉を加える。
2 計量カップにBを入れ、ハンドミキサーでよく混ぜる。
3 2を1のボウルに入れ、ゴムべらで切るようにさっくりと混ぜ合わせる。7割程度混ざったところでカレンツの紅茶煮を加える。粉がまだ少し残っているくらいまで混ぜたら、油(分量外)を薄く塗った型に生地を入れ、形よく整える。カレンツを数粒ずつのせ、軽く押し込む。
4 170℃のオーブンで25分焼き、粗熱がとれたら型から出して冷ます。

LESSON

アールグレイティーのつくり方

マフィンで使うお茶は、普段飲むときよりも少し濃く煮出したものを使います。
煮出す濃さがマフィンの風味につながります。

材料（つくりやすい分量）

紅茶葉（アールグレイ）──── 大さじ1
水 ──── 50g
豆乳 ──── 50g

つくり方

1 鍋に水を沸かし、沸騰したら火を止めて茶葉を入れる。
2 葉が開いたら、豆乳を加えて弱火で約5分煮る。
3 茶こしでこして冷ます。

3：ボウルなどに、茶こしでこし入れた状態で冷ます。60gをマフィン6個分に使う。

プルーンの紅茶煮＆カレンツの紅茶煮のつくり方

はちみつやカスタードクリームと一緒に、ケーキやパンに添えてもおいしい
プルーンやカレンツの紅茶煮。ほんのりしたシナモンの風味が決め手です。

材料（つくりやすい分量）

紅茶液
　紅茶葉（アールグレイ）──── 大さじ2
　水 ──── 500g
ドライプルーン（ドライカレンツ）
　──── 250g
てんさい糖 ──── 30g
シナモンスティック ──── 1/2本

つくり方

1 鍋に水を沸かし、沸騰したら火を止める。茶葉を加えてふたをする。

2 約5分蒸らしたら茶こしでこす。紅茶液のできあがり。

3 鍋にプルーン（カレンツ）とてんさい糖を入れる。

4 シナモンスティックと2の紅茶液も加え、再び弱火にかけ、約15分煮る。粗熱がとれてから冷蔵庫に入れ、1日以上なじませる。

 ## ラムチャイ

好みの茶葉でつくったソイミルクティーとスパイスを使って、エスニックな風味に。スイーツ感覚で食べたくなるおしゃれなマフィン。

SWEET ☐✓☐☐ MEAL

材料（6個分）

A
- 薄力粉 —— 130g
- 薄力全粒粉 —— 30g
- 重曹 —— 小さじ1/4

シナモンパウダー —— 小さじ1/2
クローブパウダー —— 小さじ1/4
ジンジャーパウダー —— 小さじ1/2

B
- 絹豆腐 —— 100g
- ソイミルクティー（P91）—— 60g
- なたね油 —— 50g
- てんさい糖 —— 50g
- 酢 —— 小さじ2(10g)
- 塩 —— ひとつまみ

ラムレーズン —— 20g
シナモンパウダー（トッピング用）—— 適量

つくり方

下準備
- 91ページの要領でソイミルクティーをつくり、分量を用意する。
- ラムレーズンを刻む。
- オーブンを170℃に温める。

1 ボウルにAを合わせてふるい入れ、スパイスを加える。
2 計量カップにBを入れ、ハンドミキサーでよく混ぜる。
3 2を1のボウルに入れてゴムべらで切るようにさっくりと混ぜ合わせる。
4 7割程度混ざったところでラムレーズンを加える。粉がまだ少し残っているくらいまで混ぜ、油（分量外）を薄く塗った型に生地を入れ、形よく整える。トッピング用のシナモンパウダーを茶こしでふる。
5 170℃のオーブンで25分焼き、粗熱がとれたら型から出して冷ます。

4：生地の中で、ラムレーズンが偏らないよう混ぜ合わせる。

LESSON
ソイミルクティーのつくり方

ケニアやアッサムなど、好みの茶葉と豆乳でつくります。豆乳と水の比率を変えて、好みの濃さにアレンジも楽しめます。

材料（つくりやすい分量）

紅茶葉（ケニアやアッサムなど）
　　　── 大さじ1
水 ── 50g
豆乳 ── 50g

つくり方

1

鍋に水を沸かす。

2

沸騰したら火を止め、茶葉を入れて弱火で少し煮出す。

3

豆乳を加えてさらに約5分煮出す。

4

茶こしでこして冷ます。60gをマフィン6個分に使用する。

――― ソイミルクティーのバリエーション ―――

ソイミントミルクティー

材料（つくりやすい分量）

ミントティーの茶葉 ── 大さじ1
水 ── 50g
豆乳 ── 50g

つくり方

1　ソイミルクティー（上記）の材料の、紅茶葉をミントティーの茶葉に替えて同様につくる。

5.
体にうれしい
雑穀＆和素材のマフィン

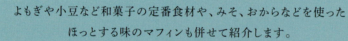

黒米やそば粉など、体がよろこぶ雑穀を使ったマフィンは
やさしい味に仕上がります。
よもぎや小豆など和菓子の定番食材や、みそ、おからなどを使った
ほっとする味のマフィンも併せて紹介します。

黒米バナナ

アントシアニンが豊富で、体によいとされる黒米。
バナナとココナッツを加えて南国風に。

材料（6個分）

A｜薄力粉 —— 130g
　｜薄力全粒粉 —— 30g
　｜重曹 —— 小さじ1/4

B｜絹豆腐 —— 100g
　｜豆乳 —— 60g
　｜なたね油 —— 50g
　｜てんさい糖 —— 50g
　｜酢 —— 小さじ2（10g）
　｜塩 —— ひとつまみ

C｜黒米（下記、炊いたもの） —— 30g
　｜バナナ —— 50g

黒米（下記、炊いたもの・トッピング用） —— 適量
ココナッツファイン —— 適量

つくり方

下準備
- 下記の要領で黒米を炊き、分量を用意する。
- バナナは角切りにする。
- オーブンを170℃に温める。

1. ボウルにAを合わせてふるい入れる。
2. 計量カップにBを入れ、ハンドミキサーでよく混ぜる。
3. 2を1のボウルに入れ、ゴムべらで切るようにさっくりと混ぜ合わせる。
4. 7割程度混ざったところでCを加える。粉がまだ少し残っているくらいまで混ぜたら、油（分量外）を薄く塗った型に入れ、形よく整える。
5. 黒米を少しのせ、ココナッツをちらす。
6. 170℃のオーブンで25分焼き、粗熱がとれたら型から出して冷ます。

4：バナナをくずさないように混ぜることで、バナナの食感が残る。

5：中央に黒米をのせて、ココナッツは全体にちらす。

LESSON
黒米の炊き方

白米や玄米に混ぜて食べることの多い黒米ですが、マフィンの具材としてもおすすめ！炊いてから使います。炊飯器でも簡単に炊けます。

材料（炊きやすい分量）

黒米 —— 1カップ（200mℓ）
水 —— 1カップ（200mℓ）
塩 —— 少々

つくり方

1　黒米は洗って、圧力鍋に入れる。水と塩を加えてふたをし、強火にかける。

2　圧がかかったら、弱火にして20分炊く。

3　火からおろし、そのまま15分ほど蒸らす。ふたをあけてしゃもじでほぐし、粗熱をとる。

そば粉マーマレード

そば粉のやさしい味わいに、マーマレードとカラメルの甘さが◎。
ミニパウンド型で焼き上げれば、手みやげにも。

SWEET ✓□□□□ MEAL

材料（11.5cm×6cm×高さ5cmの
ミニパウンド型3個分）

- A ┌ 薄力粉 ── 130g
  │ そば粉 ── 30g
  └ 重曹 ── 小さじ1/4
- B ┌ 絹豆腐 ── 100g
  │ 豆乳 ── 40g
  │ なたね油 ── 50g
  │ てんさい糖 ── 50g
  │ 酢 ── 小さじ2（10g）
  └ 塩 ── ひとつまみ
- C ┌ マーマレード ── 50g
  └ カラメルソース（右記）
    ── 小さじ2
- そば粉 ── 適量

つくり方

下準備
- 右記の要領でカラメルソースをつくり、分量を用意する。
- 小さなボウルにCを混ぜ合わせる。
- オーブンを170℃に温める。

1 ボウルにAを合わせてふるい入れる。
2 計量カップにBを入れ、ハンドミキサーでよく混ぜる。
3 2を1のボウルに入れ、ゴムべらで切るようにさっくりと混ぜ合わせる。
4 Cを生地の3か所くらいに落とし、ゴムべらで2〜3回切るように混ぜる。
5 油（分量外）を薄く塗った型に生地を入れ、形よく整える。茶こしでそば粉をたっぷりふる。
6 170℃のオーブンで25分焼き、粗熱がとれたら型から出して冷ます。

カラメルソースのつくり方

鍋かフライパンにてんさい糖50gと水大さじ1を入れ、中火にかけて焦がす。

黒っぽくなり煙が出てきたら、鍋肌から熱湯50gを注ぎ、飛びちらないようにすぐにふたをする（やけどに注意）。少し煮つめて冷ます。

そば粉アップル

水でもどしたドライアップルをふんだんに使って具だくさんに!
そば粉の生地に、アップルのほどよい酸味と甘みがマッチ。

SWEET □✓□□□ MEAL

材料（6個分）

- A ┌ 薄力粉 ── 130g
  │ そば粉 ── 30g
  └ 重曹 ── 小さじ1/4
- B ┌ 絹豆腐 ── 100g
  │ 豆乳 ── 60g
  │ なたね油 ── 50g
  │ てんさい糖 ── 50g
  │ 酢 ── 小さじ2（10g）
  └ 塩 ── ひとつまみ
- ドライアップル ── 50g
- ドライアップル（トッピング用）
  ── 適量
- そば粉 ── 適量

つくり方

下準備
- 右記の要領でドライアップルをすべてもどして1cm角に切る。
- オーブンを170℃に温める。

1 ボウルにAを合わせてふるい入れる。
2 計量カップにBを入れ、ハンドミキサーでよく混ぜる。
3 2を1のボウルに入れ、ゴムべらで切るようにさっくりと混ぜ合わせる。
4 7割程度混ざったところで、もどしたドライアップル50g分を加える。粉が少し残っているくらいまで混ぜたら、油（分量外）を薄く塗った型に生地を入れ、形よく整える。
5 トッピング用のアップルをのせ、軽く押し込んでそば粉をふる。
6 170℃のオーブンで25分焼き、粗熱がとれたら型から出して冷ます。

下準備：ドライアップルがひたひたに浸かるくらいの水を入れ、中火にかける。

下準備：沸騰したら弱火で5分ほど、汁気がなくなるまで煮つめる。

SWEET ☐ ☐ ✓ ☐ ☐ MEAL

麻炭
あさすみ

真っ黒のビジュアルがインパクト大！
くせのない味わいなので、パンの代わりとしても楽しめます。

材料（6個分）

A ┌ 薄力粉 ──── 130g
　├ 薄力全粒粉 ── 30g
　└ 重曹 ──── 小さじ1/4

B ┌ 絹豆腐 ──── 100g
　├ 豆乳 ───── 60g
　├ なたね油 ─── 50g
　├ てんさい糖 ── 50g
　├ 練りごま（白）── 5g
　├ 麻炭パウダー ── 大さじ1
　├ 酢 ───── 小さじ2（10g）
　└ 塩 ───── ひとつまみ

C ┌ ひまわりの種（から炒りしたもの）── 適量
　├ かぼちゃの種（から炒りしたもの）── 適量
　├ エディブルフラワー ──── 適量
　└ 岩塩 ───────── 適量

つくり方

下準備 ・オーブンを170℃に温める。

1 ボウルにAを合わせてふるい入れる。
2 計量カップにBを入れ、ハンドミキサーでよく混ぜる。
3 2を1のボウルに入れ、ゴムべらで切るようにさっくりと混ぜ合わせる。
4 粉がまだ少し残っているくらいまで混ぜたら、油（分量外）を薄く塗った型に生地を入れ、形よく整える。Cをそれぞれバランスよくトッピングする。
5 170℃のオーブンで25分焼き、粗熱がとれたら型から出して冷ます。

麻炭パウダーは、麻の茎の皮を剥いだ麻殻（おがら）を焼き、その炭を微細な粉末状に加工したもの。無味無臭で、菓子・パンの生地やドリンクなどに混ぜて黒く着色したり、ふりかけたりして使う。デトックス作用があり、腸活食材としても注目されている。

体にうれしい雑穀&和素材のマフィン

くるみみそマンゴー

豆みそのしょっぱい味わいに、くるみとマンゴーを加えたおもしろい組み合わせ。おやつでも食事でも満足できる、新しいマフィンの提案。

SWEET ☐☐✓☐☐ MEAL

材料（6個分）

- A
  - 薄力粉 ── 130g
  - 薄力全粒粉 ── 30g
  - 重曹小さじ ── 1/4
- B
  - 絹豆腐 ── 100g
  - 豆乳 ── 50g
  - なたね油 ── 50g
  - てんさい糖 ── 50g
  - 酢 ── 小さじ2（10g）
  - 塩 ── ひとつまみ
- C
  - くるみ ── 20g
  - ドライマンゴー ── 30g
- D
  - 豆みそ ── 20g
  - メープルシロップ ── 15g

つくり方

下準備
- そば粉アップル（P96）の下準備の要領で、ドライマンゴーをもどして1cm角に切る。
- くるみは刻む。Dは小さなボウルに混ぜ合わせる。
- オーブンを170℃に温める。

1. ボウルにAを合わせてふるい入れる。
2. 計量カップにBを入れ、ハンドミキサーでよく混ぜる。
3. 2を1のボウルに入れ、ゴムべらで切るようにさっくりと混ぜ合わせる。
4. 7割程度混ざったところでCをトッピング用を取り分けて加え混ぜ、Dをスプーンで生地の上に分散するように入れ、2〜3回切り混ぜる。
5. 油（分量外）を薄く塗った型に生地を入れ、形よく整える。残りのCをのせ、軽く押し込む。
6. 170℃のオーブンで25分焼き、粗熱がとれたら型から出して冷ます。

4：生地の上にDを分散させることで、マーブル模様になる。

4：Dを生地に加えたあとは、ゴムべらで2〜3回混ぜるだけ。混ぜすぎるとマーブル模様にならない。

おから

豆腐におからもプラスすることで、しっとり感がさらにアップ。くるみとレーズンの自然な甘みが、体にもやさしい仕上がりに。

SWEET ☐☐✓☐☐ MEAL

材料（6個分）

- A
  - 薄力粉 ── 130g
  - 薄力全粒粉 ── 30g
  - 重曹 ── 小さじ1/4
- B
  - 絹豆腐 ── 100g
  - 豆乳 ── 60g
  - なたね油 ── 50g
  - てんさい糖 ── 50g
  - 酢 ── 小さじ2（10g）
  - 塩 ── ひとつまみ
- おから ── 40g
- C
  - くるみ ── 20g
  - レーズン ── 20g

つくり方

下準備
- くるみは刻む。
- オーブンを170℃に温める。

1. ボウルにAを合わせてふるい入れる。
2. 計量カップにBを入れ、ハンドミキサーでよく混ぜる。おからを加え、ゴムべらでよく混ぜる。
3. 2を1のボウルに入れ、ゴムべらで切るようにさっくりと混ぜ合わせる。
4. 7割程度混ざったところでCを加える。粉がまだ少し残っているくらいまで混ぜたら、油（分量外）を薄く塗った型に生地を入れ、形よく整える。くるみとレーズン（ともに分量外）をのせ、少し押し込む。
5. 170℃のオーブンで25分焼き、粗熱がとれたら型から出して冷ます。

2：おからは、ハンドミキサーで混ぜたあとに加えて、ゴムべらで混ぜ合わせる。

SWEET ☑︎ MEAL

よもぎ桜

トッピングの桜が愛らしいよもぎマフィン。
練りごまがよもぎのマフィン生地にコクをプラスしてくれます。

材料（6個分）

A 薄力粉 —— 130g
　薄力全粒粉 —— 30g
　重曹 —— 小さじ1/4
B 絹豆腐 —— 100g
　豆乳 —— 60g
　なたね油 —— 50g
　てんさい糖 —— 50g
　練りごま（白） —— 小さじ1
　よもぎパウダー —— 大さじ1
　酢 —— 小さじ2（10g）
　塩 —— ひとつまみ
桜の塩漬け —— 6枚

つくり方

下準備
- 桜の塩漬けは水に漬けて少し塩気を抜き、水気をふく。
- オーブンを170℃に温める。

1. ボウルにAを合わせてふるい入れる。
2. 計量カップにBを入れ、ハンドミキサーでよく混ぜる。
3. 2を1のボウルに入れ、ゴムべらで切るようにさっくりと混ぜ合わせる。
4. 粉がまだ少し残っているくらいまで混ぜたら、油（分量外）を薄く塗った型に生地を入れ、形よく整える。桜の塩漬けを1枚ずつのせる。
5. 170℃のオーブンで25分焼き、粗熱がとれたら型から出して冷ます。

下準備：桜の塩漬けは、水に漬けて軽く塩気を抜く。

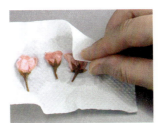

下準備：塩気を抜いた桜の塩漬けは、ペーパータオルで水気をふきとる。

2：よもぎパウダーはふるう必要がないため、AではなくBに混ぜ合わせる。

よもぎ小豆

和菓子好きにはたまらないよもぎと小豆の組み合わせ。
トッピングの小豆をていねいに飾れば、焼き上がりが楽しみに！

できあがりイメージはP102

材料（6個分）

A 薄力粉 —— 130g
　薄力全粒粉 —— 30g
　重曹 —— 小さじ1/4
B 絹豆腐 —— 100g
　豆乳 —— 60g
　なたね油 —— 50g
　てんさい糖 —— 50g
　練りごま（白）—— 小さじ1
　よもぎパウダー —— 大さじ1
　酢 —— 小さじ2（10g）
　塩 —— ひとつまみ
小豆あん（P85）—— 40g
小豆あんの小豆（P85）—— 30粒

つくり方

下準備
- 85ページの要領で小豆あんをつくり、分量を用意する。
- オーブンを170℃に温める。

1　ボウルにAを合わせてふるい入れる。
2　計量カップにBを入れ、ハンドミキサーでよく混ぜる。
3　2を1のボウルに入れ、ゴムべらで切るようにさっくりと混ぜ合わせる。
4　7割程度混ざったところで小豆あんを加える。粉がまだ少し残っているくらいまで混ぜたら、油（分量外）を薄く塗った型に生地を入れ、形よく整える。
5　小豆を5粒ずつのせ、軽く押し込む。
6　170℃のオーブンで25分焼き、粗熱がとれたら型から出して冷ます。

2：「よもぎ小豆」の決め手は白の練りごま。Bのカップで混ぜ合わせる。

4：粉っぽさが残っている状態で、炊いた小豆を加える。小豆をつぶさないように混ぜ合わせる。

5：仕上げに小豆を5粒ずつのせる。花びらのように等間隔にのせるときれいに。

COLUMN
マフィンの食べ方アイディア

どんな具材も受け止めて、朝食やブランチにも、スペシャルなスイーツにもなる懐の深さがマフィンの魅力です。毎日マフィンを焼いている私がふだん楽しんでいる食べ方のバリエーションを紹介します。

サンドイッチに
麻炭マフィン（P99）に豆乳クリームチーズ（P23）、にんじんと甘夏の塩麹ラペ、レタスをはさんだ、おすすめのサンドイッチマフィンです。スパークリングワインと合わせれば、おしゃれなブランチメニューに。

パフェに
私の好きなチョコチップミントマフィン（P35）にバニラアイス、バナナ、ブルーベリー、キャラメルナッツ（P21）、スペアミントを合わせてパフェ仕立てに。マフィンは、栗の形がかわいいキャロブマロン（P36）を使うのも◎。

名古屋モーニング風に
名古屋モーニングの定番、小倉トーストをマフィンでアレンジ。マフィンは、コーヒー豆の苦味をきかせたモカナッツ（P81）のほか、甘酒ごまバナナ（P41）やプレーン（P10）で楽しんでも。濃いめのコーヒーを添えて。

体にやさしい スコーン

マフィンを毎日焼きますが、スコーンもよく焼いています。
スコーンも卵や乳製品は使わず、サックリとした食感に仕上がります。
おいしいスコーンのレシピも覚えましょう。

スコーンをつくるときの道具

スコーンをつくるときは、次の3つの道具があると便利です。
きほんの道具（P6）で紹介した粉ふるい、マフィン型、
ハンドミキサーと計量カップは不要になります。

フードプロセッサー
粉と油を混ぜるときに便利。ない場合、手で混ぜながらつくれるので、わざわざ買わなくても大丈夫です。

めん棒
スコーンの生地を伸ばすときに使います。30cm程度のサイズものが使いやすくて便利。

抜き型
スコーンの型抜きに使用。なければ、小さなグラスのふちや、包丁で切って形を整えてもOK。今回使った型は直径5cmサイズ。

プレーンスコーンのつくり方

材料（直径約5cmのもの・6個分）

A ┌ 薄力粉 ──── 220g
　├ 全粒粉 ──── 30g
　├ 重曹 ───── 小さじ1/2
　└ 塩 ────── 小さじ1/4

なたね油 ──── 50g

B ┌ 豆乳 ───── 70g
　├ メープルシロップ ──── 20g
　└ 酢 ────── 小さじ2（10g）

C ┌ 豆乳 ───── 大さじ1
　└ メープルシロップ ──── 大さじ1

下準備

- オーブンを210℃に温める（ガスオーブンの場合は200℃）。
- すべての材料を量っておく。BとCをそれぞれ別のボウルに合わせる。

1 粉もののAと油を混ぜ合わせる

Aの材料をボウルに合わせる。

Aをすべてフードプロセッサーに入れ、なたね油を少しずつ加えながら混ぜる。フードプロセッサーがない場合、なたね油を加えながら両手ですり混ぜる。

粉と油がなじんでさらさらになったら、ボウルに移す。

2 1にBを混ぜ合わせる

Aのボウルの中心を少しくぼませて、合わせておいたBを加える。

ゴムべらでさっくりと混ぜ合わせる。粉がまだ少し残るくらいでまとめる。

打ち粉（分量外）をした台に移し、手で四角くまとめる。

3 生地を伸ばす

めん棒を使って、生地を長方形に伸ばしていく。

ある程度伸ばしたら、生地を3分の1のあたりで折る。

さらに3分の2のあたりで折り、三つ折りにする。

三つ折りにした生地を90度回転させる。

もう一度、めん棒で長方形に伸ばす。

生地がちぎれないよう、奥側を持ち上げる。

4 型で抜く

もう一度、生地を三つ折りにして、2cmほどの厚さにする。

スコーンの型で3個くり抜く。

残った生地をまとめて、めん棒で長方形に伸ばす。

生地を三つ折りにする。

めん棒で高さを整えて、スコーンの型で2個くり抜く。

残りの生地をさらにめん棒で伸ばして三つ折りにし、残りの1個をくり抜く。

5 オーブンで焼く

少し間隔をあけて、天板に成形した生地をのせる。最後にあまった生地も一緒にのせる。

混ぜたCをはけでたっぷりと塗り、210℃のオーブンで18分ほど焼く。粗熱がとれたらできあがり。

レーズンスコーン

プレーンスコーンの材料にレーズンをプラスするだけの簡単アレンジレシピ。
レーズンの甘みと酸味はスコーンと相性抜群！

SWEET ☑□□□ MEAL

材料（直径5cmのもの・6個分）

A｜薄力粉 ── 220g
　｜全粒粉 ── 30g
　｜重曹 ── 小さじ1/2
　｜塩 ── 小さじ1/4

なたね油 ── 50g

B｜豆乳 ── 70g
　｜メープルシロップ ── 20g
　｜酢 ── 小さじ2（10g）

レーズン ── 40g

C｜豆乳 ── 大さじ1
　｜メープルシロップ ── 大さじ1

打ち粉 ── 少々

つくり方

下準備　●オーブンを210℃に温める。
　　　　●BとCをそれぞれ別のボウルに合わせる。

1. Aの材料をボウルに合わせ、フードプロセッサーに入れ、なたね油を少しずつ加えながら混ぜる。
2. 1をボウルに移し、Bとレーズンを加えて、ゴムべらでさっくりと混ぜ合わせる。
3. 109〜110ページを参考に生地をまとめて伸ばし、型で抜く。
4. 天板に生地をのせ、混ぜたCをはけで塗り、210℃のオーブンで18分ほど焼く。粗熱をとる。

レーズンは好みで量を増やしてもOK。ノーワックスのものを使うのがおすすめ。

キャロブスコーン

ココア色のキャロブパウダーを使ったスコーン。全粒粉をキャロブパウダーに替え、薄力粉の分量も変わりますが、つくり方はプレーンスコーンと同じです。

SWEET ☑□□□ MEAL

材料（直径5cmのもの・6個分）

A｜薄力粉 ── 230g
　｜キャロブパウダー ── 20g
　｜重曹 ── 小さじ1/2
　｜塩 ── 小さじ1/4

なたね油 ── 50g

B｜豆乳 ── 70g
　｜メープルシロップ ── 20g
　｜酢 ── 小さじ2（10g）

C｜豆乳 ── 大さじ1
　｜メープルシロップ ── 大さじ1

打ち粉 ── 少々

つくり方

下準備　●オーブンを210℃に温める。
　　　　●BとCをそれぞれ別のボウルに合わせる。

1. Aの材料をボウルに合わせ、フードプロセッサーに入れ、なたね油を少しずつ加えながら混ぜる。
2. 1をボウルに移し、Bを加えて、ゴムべらでさっくりと混ぜ合わせる。
3. 109〜110ページを参考に生地をまとめて伸ばし、型で抜く。
4. 天板に生地をのせ、混ぜたCをはけで塗り、210℃のオーブンで18分ほど焼く。粗熱をとる。

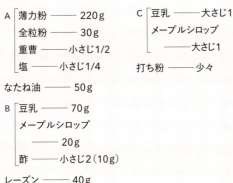

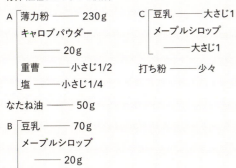

自然食品店などで手に入るキャロブ。ココア、チョコレートの代わりにお菓子づくりに使えるアイテム。

宮野真知子（みやのまちこ）

マフィン教室「ladybug works」主宰。体質改善からマクロビオティックを学び、名古屋に玄米菜食のカフェ「pinch of salt」をオープン。マフィンとスコーンの専門店「ladybug」も開き、ヘルシーでおいしいと人気に（現在は両店ともクローズ）。その後、身体はもとより、心も自由に心地よく過ごせる日々を分かち合えるよう、名古屋を中心にマフィン教室を開催。一日喫茶などのイベントやオンライン販売も行っている。

＊本書P105では写真も提供。

→ Instagram　@ladybug_works

植物生まれの材料で簡単、おいしい！

体にやさしいマフィン

2024年10月8日　第1刷発行

STAFF

撮影	山野知隆　竹之内祐幸
装丁・デザイン	望月昭秀＋片桐凜子
	村井　秀（NILSON）
校正	聚珍社
企画・編集・文	鹿野育子
スペシャルサンクス	山森京子

★本書は、既刊の『素朴でおいしい まいにちマフィン』（Gakken）より、レシピを厳選し、新たなレシピを加えて、よりつくりやすいように再編集したものです。

著者	宮野真知子
発行人	土屋　徹
編集人	滝口勝弘
発行所	株式会社Gakken
	〒141-8416
	東京都品川区西五反田2-11-8
印刷所	大日本印刷株式会社
DTP	株式会社グレン

●この本に関する各種お問い合わせ先
本の内容については、下記サイトのお問い合わせフォームよりお願いします。
　　　　　https://www.corp-gakken.co.jp/contact/
在庫については　Tel 03-6431-1250（販売部）
不良品（落丁、乱丁）については　Tel 0570-000577
　　学研業務センター　〒354-0045　埼玉県入間郡三芳町上富279-1
上記以外のお問い合わせは　Tel 0570-056-710（学研グループ総合案内）

©Machiko Miyano 2024 Printed in Japan

本書の無断転載、複製、複写（コピー）、翻訳を禁じます。
本書を代行業者等の第三者に依頼してスキャンやデジタル化することは、たとえ個人や家庭内の利用であっても、著作権法上、認められておりません。

複写（コピー）をご希望の場合は、下記までご連絡ください。
日本複製権センター　https://jrrc.or.jp/
E-mail：jrrc_info@jrrc.or.jp
Ⓡ〈日本複製権センター委託出版物〉

学研グループの書籍・雑誌についての新刊情報・詳細情報は、下記をご覧ください。
学研出版サイト　https://hon.gakken.jp/